AF398457

P-M Johansson-Sutare

SVENSK BOSTADSBRIST FÖR DUMMIES

Faktadel och Roman

Andra upplagan

www.sutare.se

Förlag: BoD – Books on Demand, Stockholm, Sverige
Tryck: BoD – Books on Demand, Norderstedt, Tyskland
ISBN: 978-91-7463-588-1

P-M Johansson-Sutare

SVENSK BOSTADSBRIST FÖR DUMMIES

Faktadel

Andra upplagan

Förord till andra upplagan

Boken gavs ut första gången 2006, under titeln *Öststatsteknik för svenskar*. Sedan dess har det inte hänt speciellt mycket med de grundläggande förutsättningarna på hyresmarknaden. Det är fortfarande så att Allmännyttan med hjälp av Bruksvärdes-principen utgör norm för prissättningen. Något som får till följd att marknadsmekanismen är satt ur spel och leder till att den som är intresserad av att hyra en lägenhet i Sverige är hänvisad till långa köer, svarthandel och andrahandskontrakt. År 2005 fanns det 110 000 personer i Stockholms stads bostadskö. Nu, 2015, finns det närmare 450 000. Det spelar ingen roll att Emma, 27 år, har utbildning stabil inkomst och saknar betalnings-anmärkningar. Hon kommer ändå till att få stå i kö i oöver-skådlig tid. Den sociala bostadspolitik som ursprungligen var anledningen till att Sverige fick allmännyttiga bostadsföretag och stenhård hyresreglering, gör inte på något sätt det lättare för resurssvaga personer att skaffa sig en bostad. Det är i stället så att de blir allt mer utestängda, eftersom de allmännyttiga bostadsbolagen oftast kräver fast jobb och frånvaro av betalningsanmärkningar för att någon över huvud taget ska komma i fråga som hyresgäst.

Efter lång tid av socialdemokrati, fick Sverige 2006 en borgerlig regering. Det har inte fört till liberalisering av den kom-munistiska öststatsmodell som används för lägenhetsuthyrning. Trots att den borgerliga regeringen i grund och botten förespråkar avreglering och fri konkurrens, de har till exempel nyligen avreglerat apoteksmarknaden, gjorde de inga över-gripande förändringar när det gäller bostadsmarknaden, trots de hade åtta år på sig. Problemen på bostadsmarknaden kommer med stor sannolikhet till att bestå. En intressant faktor är också den stora invandring som Sverige har haft de senaste åren och som förväntas öka än mer i framtiden.

Det har dock gjorts en del mindre förändringar i positiv riktning sedan första upplagan publicerades.

Ägarlägenheter: Detta är en boendeform som är väldigt vanlig utanför Sverige. Ägaren äger lägenheten på samma sätt som en villaägare äger sitt hus. Det finns ingen bostadsrättsförening som kan lägga sig i vad ägaren gör med sin lägenhet. Den får hyras ut i den omfattning och till det pris som ägaren önskar. I stället för en bostadsrättsförening kan det finnas en typ av samägandeförening för dem som bor i samma hus, men det finns som regel inga gemensamma lån.

Bostadsrättslägenheter: 2013 trädde en ny lag i kraft, som går ut på att underlätta för uthyrning av bostadsrätter. Hyran ska kunna täcka avgiftskostnader och kapital kostnader, i stället för att som nu begränsa sig till bruksvärdesprincipen, det vill säga så mycket som en motsvarande allmännyttelägenhet kostar att hyra. Det ska heller inte vara möjligt att överklaga hyran till Hyresnämnden. Det krävs dock fortfarande att bostadsrättsföreningen lämnar sitt medgivande för uthyrningen, något som innebär att det knappast går att använda lägenheten i investeringssyfte.

Differentierade hyror inom allmännyttan: En del allmännyttiga bostadsbolag har börjat differentiera sina hyror i förhållande till de faktorer som hyresgästerna tycker ska påverka hyresnivån. Det innebär att ett bra läge kan innebära högre hyra, trots att bruksvärdesprincipen egentligen säger att hyran ska vara densamma, på grund av standard och byggår. Detta kan inte jämföras med regelrätta marknadshyror, eftersom detta bara är en fråga om att fördela en hyreskostnad inom ett bestånd. Det är ett nollsummespel, som inte leder till större incitament att producera fler lägenheter. Det är dock intressant att den tungrodda Allmännyttan tänker i nya banor.

Ett brev

Dieter såg med ohöljd glädje på papperet han nyss hade slitit ur kuvertet. Kuvertet var försett med Rikshusförmedlingens myndighetsstämpel. Han hade väntat på beskedet så länge att det var svårt att ge uttryck för alla de känslor som bubblade inom honom. Han stod först alldeles stilla en lång stund och tänkte på den dagen då han hade fyllt i ansökningshandlingarna och fått den sista stämpeln av partifunktionären. Nu, efter bara nio års väntan var lägenheten hans. En skinande ny tvårummare i ett nybyggt betongkomplex skulle komma att förgylla hans och Hannelores vardag. Att få fram pengar till hyran var inget problem. Det hade bara varit att vänta på att produktionsapparaten skulle krama fram den lägenhet som kom att bli deras. Det var nästan för enkelt. Nio år ansågs vara relativt kort tid att vänta, men så hade Dieter också fått löfte om ett par års förkortning av kötiden i utbyte mot att utöka sina tjänster för partiet. En gång i veckan lämnade han rapporter rörande grannen mittöver trappuppgången. Dieter visste inte varför, men det hade något med otillåtna besök att göra, trodde han. Dem som hade mer ansvarsfyllda uppdrag inom partiet kunde räkna med betydligt kortare kötid och själva partiledningen fick självklart sina bostäder direkt. Fattas bara annat. Så viktiga funktioner som de hade.

Både Hannelore och Dieter kände stor tacksamhet gentemot staten och partiet. Bara 14 mil bort, på andra sidan gränsen, var situationen en helt annan. Där i väst var det plånboken som bestämde. Bara rika människor hade råd med bostad. Det kunde bekräftas av både staten och partiet. Fattiga arbetare var hänvisade till skjul och lador. I öst var det en självklarhet att varje arbetare skulle kunna uppfylla drömmen om att få bo i en egen hyreslägenhet. Det såg partiet till, bara man hade tålamod att vänta lite grand.

Lägenheten blev till stor glädje. År lades till år och så småningom hördes trampandet av små fötter på plastgolvet. Tvårummaren kändes nu lite för trång. De behövde mer utrymme och satte därför in en bytesannons. Efter ett halvår gav annonsen resultat. Trots att deras lägenhet var nyare och i bättre skick ville den de bytte med ha ett par tusen mark under bordet. Hans lägenhet låg ju bättre till. En tid efter att Hannelore och Dieter hade bytt lägenhet, blev partiet nödgat att prioritera. Lägenhetsproduktionen fick stå tillbaka till förmån för traktorer till kolchoserna. Redan tidigare hade Dieter fått erbjudanden om att sälja lägenheten dyrt på svarta marknaden, men det hade inte varit värt risken. Partiets ögon fanns överallt. Nu hade svartabörspriserna dock blivit så höga att de inte gick att motstå. Dieter genomförde ett skenbyte och gav lägenheten vidare till en man som kallade sig Schultze. Priset på svarta börsen var åtskilliga tusen mark och för pengarna kunde det unga paret ge en pålitlig partifunktionär den dusör som ledde till att de kom först i kön för småhus. Visst kändes det osolidariskt att göra profit på en kamrat, men lägenheten hade ju faktiskt varit deras egen. Nästan i alla fall.

En solskenshistoria

Den lokala Stockholmstidningen "Mitt i" berättar historien om Fernando Orellana, som efter 17 år i bostadskön äntligen har fått en lägenhet. Det är en tvåa på 68 m². "Det känns helt overkligt" utbrister Fernando som hittills har bott i en 24 kvadratmeters etta. Det man då frågar sig är hur mycket lägenheten kostar att hyra. Med tanke på hur länge han stått i kö borde väl hyran vara så pass låg att den har varit värd att vänta på. Döm om min förvåning när jag får läsa att hyran är 8000kr/mån. Nu börjar det kännas overkligt på allvar. Hur kommer det sig att Fernando har väntat i 17 år på förmånen att hyra en vanlig allmännyttelägenhet för 8000 kr/mån?

Ett radioinslag

Martin och hans flickvän står först i bostadskön. De går på visning och tackar ja. Döm om deras förvåning när de trots detta får nej av bostadsbolaget. När det verkligen gäller, kräver bolaget viss inkomst för att vilja hyra ut en lägenhet till en hyresgäst. Det låter logiskt. Så brukar det vara. Bolaget vill försäkra sig om att hyresgästerna har tillräckliga inkomster för att kunna betala hyran. Det som är intressant i det här fallet är att Martin och hans tjej tillsammans tjänar betydligt mer än vad bolaget har satt upp som gräns. Vad är då problemet? Jo, bolaget låter dem inte räkna ihop sina inkomster. Det är nämligen så att de bara går med på det om ett par är gifta eller redan har varit sambor i minst tre år före inflyttning.

Det låter nästan för illa för att vara sant, men om vi tänker efter, hör vi nog ofta talas om hyresvärdar som kräver både det ena och det andra innan de vågar sig på att hyra ut. Ofta kräver man att hyresgästen ska ha fast anställning. Det duger inte med vikariat eller projektanställning, eller ens varaktigt arbete hos en rekryteringsfirma. Det är helt enkelt uthyrarnas marknad. De passar på att ställa alla möjliga och omöjliga krav, just för att de kan. Följden blir dessvärre att folk som är betrodda att köpa både hus, bilar och TV-apparater på avbetalning, samtidigt inte anses kvalificerade att hyra en vanlig enkel lägenhet.

Ett rättsfall

Niclas och Kia Hedell är gifta och har barn, men bor inte tillsammans. Det beror på att Niclas arbetar i Stockholm, medan fru och barn bor i Uppsala[i]. Fastighetsägaren vill att Niklas ska flytta ut ur sin lägenhet eftersom han tycker att Niclas använder den i för liten utsträckning. Niclas tar upp fallet i Hyresnämnden och förlorar. Varför vill fastighetsägaren bli av med en trogen kund som betalar sin hyra punktligt varje månad och hur kan en domstol ha rätt att bestämma var en människa av kött och blod ska bo? Borde han inte kunna avgöra det själv? Om Niclas hade hyrt en bil skulle knappast biluthyraren ha protesterat om bilen bara hade körts ett par kilometer och Tingsrätten hade heller inte kunnat besluta att Niclas inte skulle få hyra bilen längre.

En artikel

Ica-Kuriren beskriver hur två ungdomar, Masse och Sofia, under ett flertal år har cirkulerat runt i olika delar av Stockholm utan att ha kunnat hitta en permanent bostad. Sofia säger sig ha bytt bostad åtta gånger på tre år. Temat, som går ut på att det är svårt att få tag i en egen lägenhet för permanent boende, är välkänt och förekommer regelbundet i olika typer av publikationer.

En annons

I ekonomidelen av Svenska Dagbladet presenteras en del av de kontor som finns lediga för uthyrning i Stockholms innerstad. I en artikel i samma tidning kan vi läsa att den lediga kontorsytan uppgår till 12% av beståndet. Ändå byggs det hela tiden nya kontor.

En bok om kärlek

Varför var Fernando tvungen att stå 17 år i kö för att få sin lägenhet, varför lägger sig svenska domstolar i hur vi bor och vad har östtyska lägenheter egentligen med svensk bostadsmarknad att göra? Vi kan också fråga oss hur det kan finnas lediga kontor samtidigt som det finns brist på bostäder. På tal om Masse och Sofia, kan vi också fundera över hur det kommer sig att det verkar vara så ont om bostäder i Sverige i största allmänhet. Varför saknar så många unga människor bostad? En så enkel och grundläggande sak. Nästan en rättighet, enligt vissa. Och hur ska det egentligen gå om en utlänning får jobb i Sverige och önskar sig ett ställe att bo? Han får räkna med att bostadsfrågan kan bli en svår nöt att knäcka. Han har ju varken kötid eller kontakter, såvida inte arbetsgivaren kan ge honom några användbara tips. Samtidigt möts den svensk som gör det motsatta, åker till Europa eller någon annan del av världen, av en öppen marknad där det finns lägenheter i olika prisklasser med omedelbar inflyttning. Ingen har väl hört talas om en utlandssvensk som moloken och med svansen mellan benen har vänt hemåt med motiveringen att bostadskön var si eller så många tusen personer lång och att det inte var någon idé att ställa sig i den. Det kan ha att göra med det att det finns väldigt få länder som har köer eller brist. Men hur är det möjligt? Varför har det slumpat sig så att just Sverige har begåvats med dessa oändliga köer?

Hur kan det komma sig att en enda nation kan vara så otursförföljd? Hur är det möjligt att köerna bara växer och blir längre? År efter år. Bara lugn, det finns förklaringar! De går oftast ut på att vi i Sverige har ett mycket högre tryck mot innerstäderna, vilket i kombination med traditionell svensk byråkrati och höga byggkostnader, gör att det inte byggs tillräckligt mycket. Det kan finnas anledning att ifrågasätta de förklaringarna. Hur kan dessa negativa faktorer ha slagit så hårt just i Sverige, när betydligt större städer som till exempel Tokyo, Sydney och Madrid verkar ha klarat sig helskinnade från dem? Det är ytterst

sällsynt med köer både i de här städerna och i många andra stor-
städer, trots att de är långt mer turbulenta än Stockholm. Man kan
också fundera på hur det kommer sig att det inte finns någon kö i
Sverige för den som vill hyra ett kontor, en lagerlokal eller ett förråd.
En annan sak som verkar lite mystisk är varför det finns det kö till
hyresrätter till och med i områden som anses vara oattraktiva. Till och
med en och annan småstad verkar kunna uppvisa en icke oäven rad
av bostadssökande nu för tiden.

Det som är mest fascinerande med den svenska bostadsmarknaden
är att nästan alla verkar vara så förtjusta i den. Inte på det sättet att
man är glad för att stå stilla i en kö och vänta, utan för att
bostadsmarknaden är en del av den svenska modellen. Det allra flesta
är nog överens om att den just nu är inne i en fas där köerna är lite väl
långa, men trots alla problem som är förknippade med den svenska
bostadsmarknaden, är man ändå rörande överens om att den i grund
och botten har alla förutsättningar för att fungera bra. Det gäller bara
att få byggföretagen och kommunerna att ta mer initiativ till att bygga
bostäder, speciellt billiga hyresrätter. Om de gör det samtidigt som
folk i allmänhet låter bli att sälja svart och politiker och fackpampar
slutar utnyttja sina breda kontaktnät, så kommer allt att ordna sig.

Ska man vara riktig ärlig har bostadsmarknaden alltid varit förknippad
med problem, i alla fall de senaste 60 åren. Vad kan det bero på?
Redan på 60-talet gav till exempel självaste Tage Erlander ett
legendariskt svar på frågan hur man skulle bära sig åt om man ville ha
en lägenhet. "Ställ dig i bostadskön", var hans svar. På samma fråga
svarade Olof Palme något senare: "Flytta någon annanstans." När det
ett par årtionden senare blev Göran Perssons tur var svaret: "Köp en
bostadsrätt." De här tre uttalandena har blivit smått legendariska,
men om de är korrekt återgivna eller om alla av dem ens har uttalats
i verkligheten, är svårt att svara på. Det har inte gått att hitta de
ursprungliga källorna. Man kan dock se dem som uttryck för de
situationer som har varit verklighet vid de olika tillfällena.

Kärleken till det rådande systemet och motviljan till att söka efter
andra lösningar har till stor del sin orsak i de gamla välbekanta
orosmolnen rädsla och fördom, som i sin tur är orsakade av ett
lågtryck som kallas okunskap. Debatten kännetecknas just av stor
okunskap. Förhoppningsvis kastar den här boken ljus över några av

molnskuggorna. Både kring köernas orsaker och hur den här typen av problem har lösts utomlands, där det som huvudregel varken finns köer eller regleringar. I Sverige lyder nämligen samtliga hyresrätter under det så kallade Bruksvärdessystemet – en typ av hyresreglering. Det är någonting som är mycket intressant i sammanhanget och som kan ge en del svar på varför Svensson står i kö och varför en lägenhet på Östermalm kan ha lägre hyra än en likvärdig lägenhet i en förort. Du som står, eller någon gång har stått i en svensk bostadskö, kanske har undrat hur det kan vara möjligt att köerna inte försvinner utan till med blir längre för varje år som går. Hur kan en så enkel sak som byggande ha blivit så komplicerat att problemen aldrig blir lösta? Det finns logiska svar på det. Ta chansen och följ med på en resa genom den svenska bostadsmarknaden och Bruksvärdessystemet. En liknande odyssé får du garanterat inte uppleva någon annanstans. Utom möjligen i Nordkorea eller hos honom med skägget och cigarren.

I Sverige

Hur är det då i Sverige år 2015? Kan det finna skäl att påstå att det råder bostadsbrist? Jo, säger nog de flesta. Det är till och med extremt hög bostadsbrist. Förmodligen bland världens värsta. Det kan vara en sanning med modifikation. Det är nämligen inte så att alla dem som står i kö saknar bostad. De allra flesta saknar nog inte bostad. De är bara på jakt efter en bättre eller billigare bostad än de redan har. Men så är det ju! För att kunna avancera och göra bostadskarriär måste man vara om sig och kring sig och ett sätt är att ställa sig i bostadskö. Helst i flera köer och i flera kommuner samtidigt. Därmed får vi en salig röra av människor ur olika kategorier i köerna. Det kan vara ungdomar som är på jakt efter sin första lya eller folk som verkligen är bostadslösa, men framför allt består köerna av bostadskarriärister - Folk som måste eller väljer att köa, i syfte att skaffa sig en bättre bostad.

Hur som haver, så kan den som vill följa hur Stockholms bostads-förmedlings kö utvecklar sig, på ett enkelt sätt göra det genom att besöka deras hemsida på Internet. Du som redan har gjort det är kanske van och reflekterar inte speciellt mycket över den syn som möter dig, men för dig som är novis och intet ont anande besöker den för första gången, blir kanske upplevelsen smått chockerande. I juni

2005 stod drygt 110 000 personer i Stockholms stads bostadskö. Redan i augusti var siffran uppe 120 000. Nio år senare, då andra upplagan av den här boken skrevs, var kön svindlande 430 000 personer lång. Fyra hundra trettio tusen personer! Dessutom finns det ett stort antal människor i kranskommunernas köer. Även långt ute i de mest avlägsna förorterna. Ett okänt antal finns också i privata hyresvärdars köer och intresselistor. Ett flertal personer återfinns så klart i samtliga kategorier, det vill säga att en och samma person står i flera köer. Som vi tidigare har konstaterat är det heller inte så att de som står i köerna nödvändigtvis saknar bostad. Däremot inbjuder systemet till att stå i kön, eftersom värdet av en bruksvärdesreglerad hyreslägenhet är så pass stor. Situationen är likartad i Göteborg, Malmö och Lund. Lägenhetskontrakt säljs svart, köerna är långa och fackpampar och politiker smiter före i kön. Även mindre svenska städer och till och med riktigt små orter börjar uppvisa ordentliga köer. Enligt en undersökning gjord av Boverket på våren 2005, ansåg sig 109 svenska kommuner ha bostadsbrist[ii]. Dessutom uppger ytterligare 49 kommuner att de har bostadsbrist i centralorten. Samtidigt har 98 kommuner överskott av bostäder. Det förvånar kanske inte många att Stockholm och Malmö har bostadsbrist. Att orter som Emmaboda, Herrljunga och Arjeplog också finns med på listan är kanske något mer överraskande. Kan det vara normalt att ha köer som år efter år blir större och större trots att dem som står i köerna har pengar att betala med? Brukar man inte vilja sälja åt folk som står med pengar i handen och vill köpa? Det finns vissa som är av den uppfattningen att problemen med bostadsbrist har sin grund i att marknadskrafterna har fått för stort spelrum och att bygg-företagen därför har satsat på att bygga lyxiga bostadsrätter i stället för att bygga hyresrätter. Därför propagerar man för ökad reglering och att kommunerna ska ta större del i bostadsproduktionen. Då har man glömt bort att marknaden för hyresrätter redan är så reglerad den kan bli. Att ens kalla den en marknad måste ses som en kraftig överdrift.

Den sista öststaten

Det är lätt att bli hemmablind. Det är inte många som tänker på att den svenska hyresregleringen är av samma typ som de gamla öststatssystemen, precis så som den något satiriska och klichéfyllda berättelsen i bokens början antyder. Den som har hört berättas om köer och ransonering eller vet vad en sovjetisk femårsplan var, kan säkert känna sig hemma i de här miljöerna. Det är ingen större skillnad jämfört med den svenska modellen. Du drar kanske på munnen när du ser ett fotografi av öststatsmänniskor som står i en lång kö för att köpa bröd. När de väl blir deras tur är brödet slut och hyllorna gapar tomma, trots att de har pengar att köpa för. Oftast var det ändå så att öststaterna såg till att folket hade både mat och bostad. I Sverige står hundratusentals människor i kö för att få hyra vanliga enkla lägenheter. Trots att de har pengar att betala med finns det inga lägenheter. Det känns tryggt att kunna driva gäck med en gammal öststat som inte ens existerar längre, men när du står framför ett svenskt lägenhetskomplex, passa då på att fukta fingret, sätt upp det i luften och känn att det faktiskt blåser ganska hårt. Från öst. En del lägenheter ser till och med ut som äkta öststatsbyggen. Likformade lådor. Rad efter rad. Kommunerna planerar och svenskarna står i kö med mössan i hand. Står i kö till innerstadslägenheter och till närförortslägenheter, men även till miljonprogramslägenheter av öststatstyp. Sverige är det land i världen som har det i särklass mest reglerade systemet för uthyrning av lägenheter. Därför får svenskar glatt stå i kö. I andra länder är det normala att reglera hyrorna i liten utsträckning. Där står folk inte i kö för att hyra en lägenhet, utan flyttar in direkt. Ingen skulle väl heller komma på tanken att kräva prisreglering av hyresförråd, hyra av släpkärra eller hyra av kontor. Inte många skulle heller förespråka att priset på mat, datorer eller bilar skulle bestämmas av kommunala tjänstemän. Officiellt kritiserar Sverige numera de planekonomier och regleringar som finns eller fanns i andra länder. Trots det tillämpar Sverige ett renodlat öststatssystem för uthyrning av lägenheter. I och för sig har staten fortfarande monopol på alkoholförsäljning, läkemedel och spel, men i det sistnämnda fallet finns fortfarande möjligheten att spela på Internet eller åka utomlands och spela. Alkohol kan vi också åka utomlands för att köpa. Med bostäder blir det lite knepigare. En paradox är att även om staten har monopol på alkohol, läkemedel och spel i syfte att skydda medborgarna från varornas skadliga bieffekter, så är det ändå ingen brist på dem. Staten tillhandahåller obegränsade mängder av trisslotter, apoteksvaror och vodkaflaskor. Hyreslägenheter är däremot inte speciellt prioriterat. Man har glömt att göra någon femårsplan. Det gör kanske inte så mycket. Vi svenskar är vana vid att stå i kö. Öststatskö.

Den klasslöse medborgaren

Vi kan alltså konstatera att vi i Sverige under lång tid har haft problem med bostadsbrist. Det vanligaste sättet att få igång ett bostadsbygge, är att en kommunal politisk organisation ger ett uppdrag till det kommunala bostadsbolaget att sätta igång ett bygge. Alternativt att uppdraget går till ett privat bolag via ett upphandlingsförfarande. Privata bolag tar dock sällan egna initiativ till att bygga hyresrätter eftersom priset är reglerat enligt Bruksvärdesprincipen. Det är enklare och mer lönsamt att bygga bostadsrätter eller kontor. Utomlands är kommuner sällan direkt inblandade i bostadsbyggande. I stället bygger privata bolag lägenheter vid de tidpunkter de efterfrågas och på de platser där de efterfrågas. I Sverige tror vi att vanliga människor inte har råd att betala vad lägenheterna kostar. Därför har vi låtit stat och kommun ta hand om den detaljen åt oss. Det har inte gått så bra.

Hur har det då kunnat bli på det här viset? Varför har vi en hyresreglering i Sverige, samtidigt som både blå och röda regeringar gör sitt bästa för att avreglera diverse andra marknader. Trots referenserna till DDR och allmän planekonomi, är den svenska hyresregleringen inte hämtad från DDR. Landet existerade inte ens vid den tiden då hyresregleringen infördes. Däremot fanns det ett betydligt större land som också låg österut. Om Sovjetisk planekonomi stod som modell för den svenska hyresregleringen vet vi inte, men det är mindre troligt eftersom ett flertal olika länder förutom öststaterna tidvis har givit sig på att reglera delar av bostadsbeståndet. Det som kom att bli speciellt för den svenska modellen var att den omfattade 100 % av lägenhetsbeståndet och att den består än i dag, om än i förändrad form. Redan 1942 tog staten över både produktionen och förvaltningen av hyreslägenheter. Staten satte upp regelverket och kommunerna fick ansvar för att genomföra politiken i praktiken. Det skedde genom så kallade allmännyttiga kommunala bostadsbolag. Syftet var att staten skulle garantera medborgaren, oavsett inkomstnivå, en bra och prisvärd lägenhet genom Allmännyttans försorg. Befolkningen hade genomlidit både 30-talsdepression och världskrig med låga inkomster och gott om lediga lägenheter. Efterkrigstidens ekonomiska uppgång i samband med stark urbanisering ställde krav på snabb uppgradering av bostadsbeståndet. Något som staten inte ansåg att marknaden skulle klara av. Genom det nya regelverket blev det olönsamt för privata byggherrar att producera och när det gällde hyrornas storlek fanns det en reglering som fastställde vad olika typer av lägenheter fick kosta. Systemet fick till följd att alla initiativ till byggnation måste komma från stat och kommun. Även om hyresregleringen har stöpts om och bytt namn till Bruksvärdessystemet, är det samma tänkande och förutsättningar som gäller än idag, tre kvarts sekel senare.

För att förstå motiven till varför systemet infördes måste man gå tillbaka till 30-talets Sverige[iii]. Det var en tid som präglades av internationell ekonomisk tillbakagång och massarbetslöshet. Under den här perioden fanns det folk som både led nöd och dessutom var tvungna att lämna sina bostäder på grund av att de inte klarade av att betala hyran. Samtidigt växte folkhemstanken sig stark. Det social-demokratiska partiet hade övertagit makten och ville nu förverkliga sin vision om den klasslöse medborgaren, som oavsett sina individ-uella förutsättningar skulle ges grundtrygghet i livet. Det skulle inte vara upp till individen själv att ordna sjukvård och bostäder, eller att ta ansvar för sin situation vid arbetslöshet. Alla, vare sig de var fattiga eller rika, skulle få tillgång till samma skyddsnät. När det gällde bostäder fanns det en stark övertygelse om att staten, genom sitt utbildnings- och kompetensmässiga övertag, bäst visste hur folk borde bo. Staten lade, bland annat genom makarna Myrdahl, ner mycket energi på att utreda hur ett modernt och rationellt boende skulle se ut. Det gjordes till och med experiment för att ta reda på vilka som var de idealiska måtten för bostadens olika rum och funktioner. Därför var det ett naturligt steg att stat och kommun även ansvarade för själva bostadsbyggandet. Din bostadsadress skulle inte längre kunna avslöja om du var rik eller fattig. Det fanns också en tro på att staten kunde hålla lägre priser och bättre kvalitet än en fri marknad. Politiken förverkligades genom att de allmännyttiga bostadsföretagen gavs i uppdrag att bygga. Dessutom hade kommunerna genom sitt nyvunna planmonopol möjlighet att fullständigt styra utvecklingen. Vad som skulle byggas och var, bestämdes av stat och kommun. Det gjordes här ett antagande om att människor främst skulle bo i flerbostadshus och att hyresregleringen skulle gälla för samtliga lägenheter. På en del andra håll i världen satsades det i stället på småhus eftersom sådana inte var speciellt mycket dyrare att producera. Under åren som följde efter andra världskrigets slut blev ekonomin bättre och även om kommunerna byggde lägenheter, hade folks disponibla inkomst blivit så mycket högre att man också efterfrågade bättre bostäder i större utsträckning. Därför ökade bostadsköerna snarare än minskade. Som lösning på problemet presenterades på 60-talet en modell som gick ut på att det under en tioårsperiod skulle byggas en miljon lägenheter runt om i landet, det så kallade Miljonprojektet. I Miljonprojektet prioriterades ekonomi framför kvalitet. De något mer robusta 50-talshusen ersattes av massproducerade modulhus som ofta hade betydligt fler våningar och en boendemiljö som kännetecknades av funktionsseparering och livlös betong, långt från städernas centrum. Projektet föll så "väl" ut att det till och med uppstod lägenhetsöverskott på sina håll. På senare år har det på större orter dock inte funnits några lediga lägenheter ens i miljonprogramsförorterna. Det är viktigt att notera att det så utskällda Miljonprogrammets uppkomst är en direkt följd av att staten hade tagit över bostadsproduktionen, vilket hade lett till en bristsituation. Hur det skulle ha sett ut om marknaden hade varit fullständigt eller delvis fri får vi aldrig veta. Det vi dock kan vara säkra på är att det är Hyresregleringen/Bruksvärdessystemet i sig självt som producerar köerna. På en fri marknad produceras det bostäder på grundval av vad konsumenterna efterfrågar. Inte efter vad politiker och tjänstemän finner lämpligt. Det är också viktigt att tänka på att vi i Sverige har haft, och fortfarande har, köer trots att de flesta som står i köerna i själva verket har pengar att betala hyran med. Bostadsbristen är således en fråga om ineffektivitet och dåligt resursutnyttjande, snarare än en fråga om brist på kapital.

Hur gör vi i Sverige - Bruksvärdessystemet

1968 ersattes 1942 års hyresreglering av det så kallade Bruksvärdessystemet. Bruksvärdessystemet är en slags reglering som ska garantera att hyrorna inte kan höjas eller sänkas i takt med att efterfrågan förändras, såsom fallet är med normala varor och hyresförhållanden. I stället ska priset vara fast och eventuella förändringar ska diskuteras i förhandlingar mellan Hyresgästföreningen och Allmännyttan. Privata hyresvärdar måste följa den prissättning som förhandlingen leder fram till. Enligt Bruksvärdessystemet spelar det ingen roll vad marknaden värderar lägenheten till. Det är i stället lägenhetens bruksvärde som är avgörande för hur högt priset ska vara. Vad som är bruksvärdet i varje enskilt fall avgörs genom att jämföra lägenheten med likvärdiga lägenheter i samma område eller i liknande områden. Faktorer som avgör bruksvärdet kan vara standard, läge, närhet till kommunikationer, typ av kök, läge i huset osv. Det görs en bedömning av lägenhetens standard ur ett användningsperspektiv. Inte ur ett marknadsperspektiv. Det är naturligtvis svårt att avgöra vad som är hög eller låg standard. Noterbart är att även lägesfaktorer, så som närhet till kommunikationer och centrala förrättningar, ska värderas. I praktiken har det utvecklats en tradition där lägesvärderingen inte har något större inflytande. Det är därför en lägenhet i centrala Stockholm kan ha samma hyra som en i övrigt likvärdig lägenhet några mil ut i en förort eller i en helt annan stad. Det får till följd att det i populära områden uppstår kö eftersom man värderar priset som förmånligt. I mindre populära områden drabbas man i stället allt som oftast av outhyrda lägenheter, eftersom dessa är prissatta efter bruksvärdet och inte efter folks värdering av lägenheten. En lägenhet långt ut i en förort kan ha bra planering, rymligt kök och stora garderober medan en lägenhet i innerstan kan vara kantig och sakna kök som går att sitta i. Enligt Bruksvärdessystemet blir då priset för förortslägenheten högre. Därför blir också innehavet av en lågt prissatt hyresrätt i ett attraktivt område värdefullt. Det finns många som vill komma i besittning av den. Det är därför det uppstår kö. Anledningen till att vi just nu har kö även i stadsdelar som ligger mindre centralt och i traditionellt sett oattraktiva områden, är att det de senaste åren har byggts väldigt lite. Därför kan de som vill hyra inte vara nogräknade utan håller tillgodo med det som finns.

I Bruksvärdessystemet är Allmännyttan prisledande. Det innebär att även privata hyresvärdar måste anpassa sig efter Allmännyttans nivåer. När det gäller nyproduktion är det en slags självkostnadsprincip som gäller. Varken Allmännyttan eller privata hyresvärdar får ta ut oskälig vinst. En hyresgäst och en hyresvärd kan trots regleringen faktiskt avtala vilken hyra som helst. Problemet är att om hyran som avtalas är högre än hyran för en likvärdig lägenhet i Allmännyttans bestånd, kan hyresgästen överklaga i domstol. Bruksvärdessystemet är alltså inte en renodlad hyresreglering där privata företag måste sätta hyrorna efter en tabell, utan det rör sig om en indirekt reglering där det är Allmännyttans nivåer som är normerande. På grund av den indirekta regleringen blir det inte intressant för ett privat företag att bygga hyresrätter. Även om det i vissa fall skulle vara möjligt att lägga hyran på samma nivå som Allmännyttan och samtidigt gå med vinst, kan företaget aldrig vara säker på att det inte någonstans finns en likvärdig hyra som är lägre. Hotet om domstol är ständigt närvarande.

Därför väljer privata aktörer att bygga villor, bostadsrätter och kontor framför hyresrätter. Därmed är det egentligen bara de kommunala bostadsbolagen som kan ta initiativ till att bygga. Det vill de inte i tillräcklig utsträckning. Även om syftet med Bruksvärdessystemet låter sympatiskt vid en första anblick, är det samtidigt systemet i sig själv som är orsaken till att köer och andra problem uppstår.

Det största problemet med Bruksvärdessystemet är inte dess existens, utan snarare det faktum att det tillämpas på 100 % av beståndet. I Sverige är alltså alla hyreslägenheter underkastade Bruksvärdessystemet. Det är internationellt sett unikt att staten har lagt under sig och reglerat en så pass stor marknad som faktiskt påverkar tre miljoner människors bostadssituation. Det är därför problemen har blivit så omfattande. Hade man tillåtit att till exempel 25 % av lägenheterna hade fri prissättning, skulle dynamiken ha blivit helt annorlunda. De senaste åren har en annan ventil utnyttjats - Omvandling av hyresrätt till bostadsrätt. På så sätt kan den som bor i hyresrätten få en lägenhet som kan omsättas utan byten och svarta pengar. Dessutom kan lägenheten vid försäljning förvärvas av någon som idag står i evighetslång hyreskö. Nackdelen är att lägenheten inte är en hyresrätt längre. Den kräver kapital, banklån och allt annat som hör en bostadsrätt till.

Nedanstående tabell visar hur prisbilden för en tvårumslägenhet kan se ut (Första upplagan 2005). Siffrorna är ungefärliga och kommer från bostadsförmedlingens statistik, men ger en fingervisning. Siffrorna är inga fastställda medeltal, utan hyror som är vanligt förekommande. En bostadsrätt är dyrare att köpa ju mer attraktivt området är. Vid prissättning av en hyresrätt tas ingen hänsyn till hur populärt området är att bo i. Därför kan en lägenhet i glesbygd ha samma pris som en annan lägenhet mitt inne i Stockholm. I Hammarby sjöstad avser hyran relativt nybyggda objekt. Där skiljer sig inte hyran speciellt mycket från en ungefärlig bostadsrättskostnad.[iv] En nybyggd lägenhet i en förort kan således ha ett högre pris än en gammal lägenhet i innerstan. Så är normalt inte fallet med bostadsrätter och villor.

	Område	Kvm	Kötid	Hyra	Kostn borätt
Östermalm	Centralt	60	20 år	4000	7500
Bagarmossen	Förort	60	5 år	4500	4500
Hammarby sjöst	Nytt	54	2 år	7500	7500
Gagnef	Glesbygd	60	-	4000	3000[v]

Källor: Stockholms bostadsförmedling, marknadshyror.se, Gagnefs kommun

Hur var det tänkt?

Syftet med Bruksvärdessystemet/Hyresregleringen var att den enskilde medborgaren skulle garanteras en prisvärd bostad av hög kvalitet, oavsett om personen i fråga var fattig eller rik. Den som ville ha en lägenhet skulle kunna vända sig till det kommunala bostadsbolaget, som efter ingen eller kort väntetid försåg den sökande med en lägenhet.

Hur blev det i praktiken?

Vi vet hur det är och oftast har varit. Vill vi hyra en lägenhet kan vi inte stega in på den kommunala bostadsförmedlingen och välja ut en lägenhet som vi tycker verkar trevlig. Kön är som regel flera år lång. Då Bruksvärdessystemet tillämpas sätts marknadskrafterna ur spel. Det innebär att det inte finns något naturligt incitament för en privat producent att bygga hyresrätter, eftersom möjligheten till vinst är begränsad. Det får drastiska följder eftersom det inte heller finns något större intresse från stat och kommun att producera. Det är därför vi idag har brist på hyresrätter och långa köer även i ytterområden. Trots att hyrorna är reglerade, finns det konkurrens mellan dem som står i kö och vill hyra. Det innebär att de som hyr ut kan sätta upp hårda villkor för sina potentiella hyresgäster. Ofta räcker det inte med viss inkomst, utan det krävs också fast anställning och frånvaro av betalningsanmärkning. Trots att vi har ett reglerat system som ursprungligen var till för att minska skillnaden i boendestandard mellan fattiga och rika, är det alltså bara människor med stabil ekonomi som är välkomna som hyresgäster hos kommunala bostadsbolag (och förmodligen hos privata bolag också). Systemet motverkar inte heller segregering mellan svenskar och invandrare. Snarare tvärtom.

Vad är problemet?

När en statsmakt tillämpar en prisreglering som leder till att det inte blir lönsamt för privata företag att producera, måste samma statsmakt se till att det ändå produceras så många lägenheter att köerna decimeras, annars blir situationen ohållbar. Det gör inte den svenska statsmakten. Det är anledningen till att det finns bostadsköer som växer för varje år som går. Det märkliga är att många skyller bostadsbristen på byggföretagen eller på kommunal bygglovsbyråkrati. I verkligheten är den svenska bostadsbristen ett politiskt val - Staten har reglerat marknaden, samtidigt som man inte tar några större initiativ till att bygga bort de värsta köerna. Det borde vara upp till stat och kommun att få fram så många bostäder som behövs, nu när marknadskrafterna är satta ur spel. Dessvärre ser det ut som att svensk stat och kommun gör ett sämre jobb än sina gamla idoler i öst. På den gamla planekonomiska tiden i DDR försökte man åtminstone få fram bostäder i ett reglerat system.

Hur borde det vara?

Vore det inte bättre att när som helst kunna flytta in i en lägenhet i det område vi vill bo i? Utan att stå i kö. Om vi ville flytta, vore det då inte bättre att kunna säga upp lägenheten och flytta in i en annan direkt, utan att behöva lägga tid på att skaka fram någon som ville byta lägenhet? Det låter naturligtvis som en utopi, men faktum är att det är just så man gör i andra länder och det enda som hindrar oss från att göra detsamma, är just Bruksvärdessystemet. Förutom att Bruksvärdessystemet skapar köer, skapar det också andrahandsmarknad och svart marknad. Därför är det sällsynt att en person som inte behöver sin lägenhet längre, lämnar den ifrån sig. I stället säljs lägenheten svart, hyrs ut i andra hand eller överlämnas till någon släkting. På grund av Bruksvärdessystemet har hyresrätten förlorat sina egenskaper som hyresobjekt och har i stället blivit ett slags ägande där själva innehavet av ett kontrakt innebär att lägenheten kan användas som en handelsvara.

I ett normalt hyresförhållande använder man det man har hyrt så länge man behöver det. Sedan lämnar man tillbaka det. Det är också det som egentligen är syftet med en hyresrätt. Många människor bor större delen av sina liv i hyresrätt. Om man bortser från den permanentboende gruppen, är tanken också att hyresrätten ska vara en flexibel boendeform, till exempel för den som inte har ett stort kapital att luta sig mot, eller för den som bara vill bo en kortare period på en plats. Därför är det viktigt att hyresrätten är lätt att komma i besittning av. När man inte har anledning att bo i den längre, ska det vara enkelt att säga upp den och flytta in i en annan hyresrätt utan att vara beroende av att få till stånd ett byte. Det är så hyresrätten fungerar utomlands. Det är också enkelt att göra jämförelsen med uthyrningsförråd. Det rör sig om samma typ av immobila vara som också är behäftad med viss byråkrati, i form av bygglov med mera. I stort sett vem som helst kan gå till förrådsuthyrningsföretaget Shurgard och hyra sig ett förråd för så lång tid som önskas. Det finns normalt ingen kö och man skulle heller aldrig tänka tanken att försöka byta bort det förråd man har mot ett större eller mindre förråd, som någon annan person hyr. Det är ju bara att gå till kundtjänst och be om ett annat förråd. Skulle Shurgard höja priset kan man säga upp sitt förråd och flytta sina prylar till en annan förrådsuthyrares lokaler.

Varför förändras inte ett system som inte fungerar?

Det är fascinerande att ett system som fungerar så uppenbart dåligt har kunnat överleva i drygt 70 år. Det beror på att även om folk i allmänhet känner till att hyrorna är reglerade genom bruksvärdessystemet, känner de inte till att regleringen leder till att det inte tillkommer några nya bostäder i takt med att efterfrågan ökar. Många tror att bostadsbrist är ett storstadsfenomen som förekommer överallt där det är brist på plats. Därför har regleringen extremt stark förankring i folkdjupet. Av någon anledning ses Bruksvärdessystemet också som en garant för låga hyror. Därför tycker många det är värt att stå 5-10 år i kö för en förortslägenhet och ännu längre för en innerstadslägenhet. Man är alltså beredd att vara utan fast bostad och betala de kostnader som uppstår i samband med ständig flytt, magasinering och dyrt andrahandsboende, bara för att få chansen till ett lägenhetskontrakt långt fram i tiden. Det upplevs som ett bättre alternativ än att tala om att förändra systemet. En person som ställer sig i kön som 18-åring kommer att vara i 30-årsåldern när den når fram. Alla andra alternativ borde logiskt sett vara bättre, speciellt med tanke på att kommunerna inte verkar ha några planer på att bygga bort köerna. Likaväl är förtroendet för Bruksvärdessystemet grundmurat. Det ses som ett ursvenskt folkhemsfenomen och är därför överlägset andra lösningar.

Vi ska längre fram i boken se att Bruksvärdessystemet också försvaras av tungt beväpnade intresseorganisationer som är beroende av systemets fortlevnad. Det finns idag inga politiska partier som på allvar utmanar systemet, annat än i små och försiktiga ordalag. Även om det hade funnits politisk vilja att göra något åt problemen med Bruksvärdessystemet, är det i praktiken väldigt svårt eftersom systemets popularitet är så stor bland väljare på båda sidor av blockgränserna.

Hur ska då problemen med Bruksvärdessystemet lösas? Finns det några alternativ? Alla förändringar, vad de än består av, borde ju leda till förbättringar. Ändå händer det ingenting. Det är nu vi kommer in på ett riktigt minerat område. Motsatsen till prisreglering stavas ju *Marknadshyra*. Ett mer utskällt och tabubelagt ord finns knappast att uppbringa. Detta till trots att Sverige för övrigt är en marknadsekonomi där i stort sett alla varor och tjänster är marknadsprissatta på en marknad där olika företag konkurrerar med varandra. Folk i allmänhet upplever nog inte att marknadspriserna på TV-apparater och kläder är okontrollerat höga, trots att priset inte är reglerat.

Eftersom marknadshyra är ett så besvärligt ord, kommer det bli svårt att få någon att acceptera en sådan lösning. Att i Sverige, som så länge har tillämpat ett renodlat planekonomiskt system, direkt gå över till marknadsprissättning för samtliga lägenheter är inte ett realistiskt alternativ, men det är heller inte nödvändigt eftersom det finns ett flertal andra modeller som skulle kunna vara tillämpliga. Huvudsaken är att marknadshyror får tillåtelse att existera. Det får de inte nu. Vore det inte intressant att se både marknadshyror och bruksvärdeshyror i bruk samtidigt? Allmännyttans pris är inte det bästa som finns - Det är det enda som finns.

Påståenden

Nu har jag påstått att ett avskaffande av Bruksvärdessystemet, eller åtminstone ett undantag från systemet för en del av beståndet, kommer att leda till att vi inte längre behöver stå i kö. Jag påstår också att det kommer att finnas olika prisnivåer som gör att ingen behöver bli utan lägenhet. Det är bara en fråga om hur mycket pengar var och en vill lägga på sitt boende. Vill du bo dyrt i ett attraktivt område så gör du det. Vill du bo billigt i ett oattraktivt område så gör du det, men någon kö står du absolut inte i. En förändring av systemet görs naturligtvis inte över en natt. Det kommer att ta flera decennier att fasa över dagens lägenheter in i ett förändrat system. Ingen har heller påstått att alla lägenheter behöver ha marknadspris.

Trots det är Allmännyttan, Hyresgästföreningen, regeringen, oppositionen med flera inne på samma linje. Marknadsprissättning av hyror som fungerar alldeles utmärkt i nästan alla andra länder, anses vara av ondo. Punkt slut. Anledningarna till att de säger så kan sammanfattas i nedanstående fyra påståenden.

1. Det kommer inte till att bli fler lägenheter bara för att man inför marknadspris.
2. Det kommer att bli dyrare för alla.
3. Innerstäderna kommer att bli ett reservat för rika. Alla populära bostadsområden blir stängda för låginkomsttagare.
4. Folk kommer att bli utkastade på gatan och det kommer inte till att finnas något besittningsskydd.

En undran

Finns det egentligen någon anledning att ha en reglering av just hyreslägenheter? Borde man då inte också reglera priset på villor och bostadsrätter? Eller på kläder? Eller på mat? Tanken är att folk som inte har så gott om pengar ska få möjlighet till en bra bostad till ett bra pris. Det räknas i vissa sammanhang till och med som en mänsklig rättighet. Är det verkligen så det är, att folk inte har råd med lägenheter om inte staten går in och reglerar, och är det verkligen låginkomsttagare och utslagna som främst får ta del av regleringens frukter, om det nu finns några? Är det bättre för den en människa med små resurser att tillbringa år efter år i kö än att hyra direkt?

Resonemang kring de fyra påståendena och en undran kommer att återkomma på flera ställen i boken för att sammanfattas i slutet.

Hur är det egentligen utomlands?

"Jag bor i Tokyo och det finns ingen brist på lägenheter här. Detta trots att Tokyo förmodligen är bland de mest tättbefolkade områdena i världen. Varför finns det ingen brist trots skyhöga byggkostnader och markpriser? Jo, det finns en fungerade marknad där Bruksvärdessystem och byggregleringar som hindrar nybyggen saknas. De svenska regleringarna kommer endast de boende till del och missgynnar alla som söker bostad. Jag begriper verkligen inte hur svensken i gemen kan stödja ett system som missgynnar vanligt folk framför rika. Hur tror de att folk bor i andra länder där dessa regleringar saknas?[vi]"

Låt oss se lite grand på hur det är utomlands. Det kommer också kasta ljus över varför man där inte skulle tycka det vore fördelaktigt att likt Fernando stå 17 år i kö för att hyra en lägenhet för 8000 kr. Utomlands kan man nämligen hyra en lägenhet med bra läge till ett bra pris direkt, utan att stå en enda dag i kö. I Sydney, Auckland, Helsingfors, Madrid, Los Angeles, Tokyo och så vidare står folk naturligtvis inte i bostadskö. De letar bland uthyrarnas annonser, går på visning och bestämmer sig sedan för det objekt som passar dem bäst. Förutsatt att uthyraren inte har bestämt sig för någon annan.

Temaplan har gjort en studie där bostadsmarknaderna i tolv olika europeiska storstäder jämförs med Stockholm.[vii] Städerna avviker folkmängdsmässigt inte speciellt mycket från Stockholm. Bryssel, Zürich, Milano, Oslo, Hamburg med flera städer har omfattats av undersökningen. Byggkostnadsmässigt ligger Stockholm på en medelnivå. Ett flertal av de undersökta städerna har ett system för uthyrning av lägenheter som inbegriper viss begränsad form av reglering. Det som särskiljer Stockholm från de övriga städerna är att i Stockholm är 100 % av beståndet reglerat genom Bruksvärdessystemet. Det är det som är huvudorsaken till Sveriges och Stockholms problem. I Danmark finns det en typ av allmän reglering som dock inte är lika strikt som den svenska.

Vad kan det då kosta att hyra utomlands? Eftersom man i allmänhet har marknadshyror i de här länderna, borde det enligt svenskt synsätt, vara så dyrt att bara de allra rikaste har råd med bostad. Tro det eller ej. Utomlands är det vanligt att även låginkomsttagare har bostäder. I Oslo finns det just nu (april 2005) 37 lediga tvårumslägenheter som kostar upp till 6000 NOK. En norsk medelinkomst är ca 30 000 NOK. Sammanlagt finns det 172 lägenheter som kostar upp till 6000 NOK. De flesta lägenheterna ligger centralt. Det beror på att en stor del av stadens lägenhetsbestånd ligger centralt. I centrala Bryssel gav en sökning på lägenheter med storleken 0 till 100m^2 som kostar upp till

600 EUR 91 träffar.[viii] Lägenheterna som samtliga visas på bilder har påfallande stora ytor och ser fräscha ut. Varken i Bryssel eller i Oslo finns någon väntetid. Det är bara att flytta in direkt. Även på Stockholms bostadsförmedlings hemsida är det möjligt att söka efter lägenheter. Skillnaden är att där måste man ha 10-15 års kötid för att kunna komma ifråga som hyresgäst. I alla fall i någorlunda centrala lägen.

Finns det någon svart marknad utomlands? Ja, men bara i de fall någon del av lägenhetsbeståndet är reglerat. För de allra flesta bostäderna tillämpas fri prissättning och där uppkommer det inte någon svart marknad eftersom innehavet av ett hyreskontrakt inte innebär någon ekonomisk fördel. Det är lika enkelt att förvärva ett hyreskontrakt som det är att gå till en bilfirma och hyra en bil.

Hur gör man utomlands om man vill byta bostad? När vi svenskar vill flytta är vi vana vid att sätta in en bytesannons. Anledningen till att vi gör det, är att om vi säger upp vår lägenhet hamnar vi sist i kön och blir således bostadslösa. I icke reglerade system finns det inga köer eller prismässiga fördelar. Därför behöver man inte lägga ner någon energi på att försöka hitta någon som råkar ha exakt samma bytesönskemål. Det är bara att hyra en ny lägenhet och sedan säga upp den gamla. Precis så som man gör om man flyttar från en bostads-rätt till en annan.

Bryssel och Oslo[ix] är två bra exempel på hur relativt fri prissättning har lett till väl fungerande marknader. Oslo är vår närmaste granne. Det är också en stad där många invandrare har valt att köpa lägenheter med centralt läge i stället för att hyra. Bryssel är högsäte för EU, vilket innebär att efterfrågan på lägenheter borde vara stor. Egentligen gigantisk, med tanke på hur många EU-funktionärer, journalister med flera som behöver bostäder. I dessa båda städer finns det alltså inga köer eller andra problem som vi svenskar ser som naturliga. I centrala Oslo finns det till exempel gott om nybyggda eller nyrenoverade tvåor med hög standard som kostar runt 7000 NOK (Medelinkomsten är 30 000 NOK), Alltså inte speciellt mycket mer än vad en nyproducerad svensk allmännyttelägenhet brukar kosta. För oss svenskar känns det kanske mer vant att bo i lite äldre lägenheter med allmännytte-standard eller i lägenheter som ligger längre ut. Då känns det tryggt att veta att det också finns sådana att få tag i, fast till ett lägre pris.

Vi skulle kunna analysera bostadspolitiken i land efter land utan att finna den typen av fullständig reglering som vi har i Sverige. Vi skulle heller inte hitta speciellt många exempel på de problem vi dagligen brottas med. Svarthandel, köer, bytesproblematik och andrahandsuthyrning. Däremot finns det länder som har viss inskränkning av marknadsprissättningen, till exempel att dramatiska hyreshöjningar från ett år till ett annat inte är tillåtna. Det finns också länder som har en del av beståndet reglerat och en annan del av beståndet fritt. I en del länder är en del av beståndet reserverat för låginkomsttagare och andra mindre bemedlade.

I Sverige är det den som är på jakt efter lägenhet som måste anstränga sig för att försöka komma i besittning av ett hyreskontrakt. Det gäller att betala in sin köavgift och bevaka sin köplats eller att odla sitt kontaktnät. Utomlands är det precis som för vilken annan vara som helst, hyresvärden som är aktiv och marknadsför sina objekt för att försöka få dem uthyrda. Det är hyresvärdarna som annonserar i tidningarna och lägger ut sina objekt på Internet. Då det är konkurrens mellan olika stadsdelar och mellan olika hyresvärdar gäller det för hyresvärdarna att ha lägenheter som håller attraktiv standard. Objekten presenteras ofta med bilder och utförlig information. Även om objektet ligger i ett oattraktivt område och har lägre standard, gäller det fortfarande att kunna få objektet uthyrt, annars löper man risken att gå i konkurs. Man kan inte, som i Sverige, låta övriga hyresgäster eller skattebetalarna betala för de outhyrda lägenheterna.

Cecilia i marknadens klor

"La det svinge", sa Cecilias mamma som avskedshälsning när hon vinkade av sin dotter på Stockholms central. Cecilia var 27 år och bodde fortfarande hemma hos mamma i Nacka så det var mest praktiskt att det var hon som gav dottern skjuts till stationen. Cecilia hade ju stora väskor. En del av väskorna var fyllda med mat, eftersom hon hade hört hur dyrt allting skulle vara i Norge. Cecilias mamma hade inte varit lika förutseende som många andra föräldrar. Hon hade inte tänkt på att anmäla Cecilia till Stockholms bostadskö redan den vackra aprildag då hon föddes. Hade hon gjort det, hade Cecilia inte behövt bo hemma i förortsvillan utan kunde i stället ha haft sin egen lya.

Cecilia hade precis avslutat sina studier på universitetet. Under studietiden bodde hon kvar hemma i föräldrarnas villa. Visst hade hon varit sugen på eget studentboende, men när det väl hade blivit hennes tur i studentbostadskön, kände hon sig inte sugen på att bo i studentkorridor och dessutom hade hon bara ett år kvar av utbildningen. Cecilia hade läst till grundskollärare, så det skulle inte bli några problem att få en tjänst i Stockholm, i alla fall inte ett vikariat. Men innan dess kände hon för att göra något annorlunda. En kompis jobbade på restaurang i Oslo och nu hade hon tjatat på Cecilia att komma dit över våren och sommaren så att de skulle kunna ha lite kul tillsammans.

Cecilia möttes av Lina på centralstationen i Oslo. På väg uppför rulltrappan slog det henne att här stod folk lite huller om buller inte till höger som man gör i Stockholm. Folk verkade inte vara lika stressade och behövde kanske inte springa förbi på vänstersidan. De hoppade på spårvagnen vid Guneriussenteret och åkte fyra hållplatser norrut till Olaf Ryes plass. Cecilia hade hört talas om hur dyrt allting var i Norge och hade därför propsat på att de skulle försöka hitta så billig bostad som möjligt. Hennes kompis hade först bara skrattat åt henne, men sedan hade hon ordnat plats åt henne i ett bokollektiv på Grunerlökka. Det var en femrummare, där fyra personer hade varsitt rum och gemensamt vardagsrum och kök. Det passade Cecilia utmärkt att bo tillsammans med andra. Nästan som att bo på korridor - Det som inte hade blivit av i Stockholm. Vad schysst ändå, tänkte hon när hon hade gått och lagt sig. Bara 4000 kr/månad och ändå så pass centralt. Undrar hur Lina hade lyckats fixa något så här bra? Hon hade väl bra kontakter helt enkelt, tänkte Cecilia och somnade sött.

Nästa dag fick hon reda på att lägenheten hon hyrde en del av, ägdes av Trine som själv bodde i ett av rummen. Det förklarar saken, tänkte Cecilia. Redan nästa helg var det en liten fest i lägenheten. Det kom ett par bekanta till dem som bodde där. Cecilia passade då på att fråga en av dem som hyrde en tvåa ett par kvarter bort, hur länge hon hade stått i kö för att få hyra den. Den som fick frågan förstod ingenting och förklarade att hon bara hade ringt på en annons och sedan flyttat in en vecka senare. Aha, svarta pengar, tänkte Cecilia då. Bäst att inte säga något mer. Sådant är alltid känsligt. Nästa dag frågade hon Lina om vad priserna på svarta marknaden kunde tänkas ligga på. Lina var i och för sig från Karlstad och begrep sig så klart inte på Stockholms bostadsmarknad, men någon svart marknad i Oslo visste hon inte något om. Folk brukade söka efter lägenheter på Internet och sedan flyttade de bara in. Så hade hon själv gjort när hon flyttade in i sin lägenhet. Någon bostadsförmedling eller bostadskö fanns inte, vad hon visste. Konstigt, tänkte Cecilia. Inga köer och ingen svart marknad. Här måste ligga en hund begraven. Det förstår du väl, sa Cecilia, att man inte bara kan åka till en storstad och hyra en lägenhet utan att stå i kö eller betala svart. Nästa dag sa hon till Trine att Oslo verkade vara en kul stad, men att det verkligen var synd att det inte fanns några lägenheter att få tag på. Om man ville ha en egen måste man ju antingen ha råd att köpa svart eller ha jättebra kontakter eftersom det inte finns någon bostadsförmedling i Oslo. Det förstår man ju att det blir en extrem huggsexa om det inte finns någon organiserad kö. Trine förstod inte heller hon vad Cecilia pratade om. Det är väl bara att flytta in, tyckte hon. Svarta pengar visste hon inte ens vad betydde. "Er ikke det noe fra Sovjet?" var den enda kommentar hon kunde bidra med.

Hopplöst, tänkte Cecilia. Nästa dag på jobbet frågade hon en tjej som nyss hade flyttat, om hon hyrde i första eller andra hand. Tjejen förstod inte vad skillnaden var på första och andra hand. Varför skulle hon hyra av en som i sin tur hyrde av någon annan. Det vore väl enklare att göra som alla andra - Att hyra direkt från fastighetsägaren. Ja, ja sa Cecilia. Jag låter väl dig hållas då, men hur lyckades du få tag på den här nya lägenheten då. Var det inte svårt att ordna med bytet? Nä, hon hade inte bytt, visade det sig. Det finns ingen som byter. Man säger upp den lägenhet man bor i och hyr en ny helt enkelt. Varför skulle man byta? Det verkar ju helt galet.

Cecilia blev nu ordentligt trött på att folk kunde vara så naiva. Ingen bostadsförmedling, ingen kö, inga svarta pengar, inga andrahands- lägenheter och inga byten. Det här var ju upp och nedvända världen. Väl hemma i lägenheten dök hon i ren desperation på Kjetil, som satt i köket och packade sin ryggsäck eftersom han skulle gå på tur i helgen. Hur känns det att vara student och stå i bostadskö, för du bor väl bara här tills du kommer fram i kön, eller hur! Kjetil såg generad ut och erkände att även om studentbostäder hade prisreglering och köordning, fanns det för tillfället inte någon kö till studentkorridor, men att han trivdes så bra här att han helst bodde kvar.

Nu blev Cecilia ordentligt ledsen och plockade fram Internetadressen Trine hade gett henne, www.finn.no. Där tog hon en titt på de lägenheter som fanns till uthyrning. Det här verkar skumt, tänkte Cecilia. Sida upp och sida ner med lediga lägenheter och både email och telefonnr står i annonsen. Vem har betalat för det här? Annonsören? Cecilia blev nästan yr av alla lägenheter som exponerades på ett oblygt sätt. Många hade bilder som visade nyrenoverade kök och helkaklade duschar. Parkettgolv, trägolv, allt möjligt fanns att välja på. Lägenheterna verkade mestadels ligga centralt, men det fanns så klart objekt från alla håll och kanter. Cecilia satt modstulen och surfade en lång stund utan att förstå vad det var som egentligen hände, men så plötsligt kom hon på det. Att ingen hade tänkt på det här före henne. Lägenheterna kostade olika mycket. Det är i och för sig ingen stor sensation, men även när Cecilia såg en lägenhet som hade lika stor yta i ett lika gammalt hus i samma område, kunde priset vara olika. En nybyggd trerummare en mil från centrum kunde ha samma hyra som en sekelskiftesetta på Karl-Johan. Här kunde man få betala 3000, 5000 eller 10000 för lägenheter som verkade ha samma standard. Det verkade inte vara någon som helst ordning. Vilket scoop. Cecilia hade avslöjat den norska hyresbluffen. Vänta bara tills tidningarna får reda på det här. I Stockholm skulle Hyresnämnden genast ha satt stopp för sådana tilltag.

Det Cecilia hade upptäckt var det som alla andra redan visste, men inte brydde sig om, nämligen att det inte finns någon prisreglering i Norge. Priset sattes precis som för andra varor på en marknad, inte genom någon bruksvärdesprincip.

Den kvällen kunde Cecilia sova lugnt. Ordningen var återställd. Hon drömde om en stor byggnad från 1970-talet där alla lägenheter hade innerdörrar med plasthandtag. De såg likadana ut och kostade lika mycket. Utanför huset stod en kommunal tjänsteman och höll ordning på kön. Den bestod av hoppfulla och lyckliga människor som gick och filade på sina bostads-CVn samtidigt som köade. Kön ringlade sig runt hela området och tycktes aldrig ta slut. På husets vägg stod att läsa med stora bokstäver: ALLMÄNNYTTAN GER LYCKA OCH FRIHET. Bortom huset skymtades ett annat hus. Det var på pricken lik det första. Bortom det fanns ännu ett och ännu ett och ännu ett och…..

Fördelar med Bruksvärdessystemet

Den enda fördel som Bruksvärdessystemet orsakar, är det faktum att det teoretiskt sett går att få tag i relativt billiga hyresrätter som ligger i traditionellt attraktiva områden. Dessa lägenheter hade vid marknadsprissättning varit dyrare. Jämfört med det totala lägenhetsbeståndet utgör de här lägenheterna dock bara en bråkdel och är ytterst svåra att komma över.

Nackdelar med Bruksvärdessystemet

"Jag undrar om någon råkar ha en idé till min röriga bostadssituation: Min pojkvän och jag har bestämt oss för att bli sambo, han äger en bostadsrättsetta och jag en hyresrättsetta. Har länge försökt byta min lilla etta på Söder till en tvåa i samma område, men inga byten går i lås (satans triangelbyten!). Så det verkar luta åt att vi köper en bostadsrätt istället för att få det vi vill ha. Men då är problemet, vad gör jag åt min lägenhet? Finns det ett sätt att "behålla" den på? Med tanke på att det är praktiskt att ha ett förstahandskontrakt om något skulle hända, t.ex. att jag och min pojkvän gör slut (hemska tanke...). Har även ett syskon som skulle ha stor nytta av min lägenhet när det blir dags att flytta hemifrån om några år, hyran är jättelåg och därför är lyan ett perfekt första-boende."[x]

Det låter ganska oskyldigt. Bruksvärde. Ett så litet och nästan hemtrevligt klingande ord kan väl inte ställa till med speciellt stora problem. Dessvärre påverkar ett system som berör tre miljoner människors boende väldigt mycket i det samhälle vi lever. Bara det faktum att de stora och mäktiga organisationerna Allmännyttan och Hyresgästföreningen med alla sina tusentals anställda, till största delen har systemet att tacka för sin existens, gör att begreppet får enormt stor vikt. De båda organisationerna är också remissinstanser för bostadspolitiska förslag och varandras motparter i de centrala hyresförhandlingarna. Det problemen bottnar i är att man i Sverige har tron på att stat och kommun kan lösa bostadsbyggande bättre än en fri marknad, samtidigt som man år efter år har hundratusentals människor i kö. Många av dem som står i köerna har dessutom hög betalningsvilja. Dessbättre tror staten inte att reglering för till exempel villor, bostadsrätter eller kontor är nödvändig. Då hade exakt samma problem uppstått även där. Dessutom har Allmännyttans prismonopol och Hyresgästföreningens förhandlingsmonopol lett till att branschen inte utsätts för någon verklig konkurrens, vilket gör att det inte finns fog för att påstå att de "självkostnadspriser" som gäller för lägenheter alltid är speciellt förmånliga. De privatekonomiska konsekvenserna av Bruksvärdessystemet är omfattande. Jag tänker då på att folk måste betala för ständiga flytt- och magasineringskostnader och dessutom höga andrahandshyror. I mindre attraktiva områden måste man också betala mer än nödvändigt på grund av att Allmännyttan är prisledande. Det uppstår också stora samhällsekonomiska kostnader när folk lägger pengar på svarthandel och också lägger mycket tid och energi på att skaffa eller byta lägenhet. Dessutom har det byggts upp en stor apparat bara för att kunna administrera systemet, till exempel bostadsförmedlingar, kommunala bostadsföretag och speciella domstolar som hanterar tvister som är direkt orsakade av Bruksvärdessystemet.

I anekdoten ovanför nämner den unga tjejen saker som är intressanta. Det är svårt att flytta, eftersom man måste hitta någon som är villig att byta lägenhet. Hon nämner också att det är bra att ha en lägenhet med förstahandskontrakt i bakfickan. Låt oss se på vilka huvudproblemen är. Det vill säga de avarter och specialkonstruktioner som uppkommer när vi i Sverige tillämpar ett så speciellt system som vi gör. Det system som leder till att så många människor inte har någon fast adress, utan är ute på en ständig resa mellan olika andrahandskontrakt, trots att det ursprungliga syftet med systemet var det motsatta. Nedanför räknar jag upp inte mindre än 17 punkter som alla är problem orsakade av Bruksvärdessystemet!

Köer

Det absolut största problemet med Bruksvärdessystemet är att det leder till köer. Prissättningen av lägenheter görs efter ett tänkt bruksvärde i stället för efter hur konsumenterna värderar varan. Då det är samma pris på en lägenhet i innerstan som på en lägenhet i en förort, kan man likaväl bosätta sig i innerstan. Skulle man i stället köpa en bostadsrätt blir det i allmänhet billigare ju längre bort från centrum lägenheten är belägen. Bruksvärdessystemet driver också upp priserna på bostadsrättsmarknaden eftersom dem som inte orkar stå i köerna, i stället tvingas in på bostadsrättsmarknaden. Många av dem som köar till lägenheter i innerstan har dessutom redan en bostad någon annanstans. De vill byta upp sig. Dessutom blir jämförelsen mellan gamla och nya hyresrätter skev. Ett kommunalt bostadsbolag kommer aldrig kunna tillfredsställa den efterfrågan som finns på billiga hyresrätter i attraktiva lägen. En lägenhet i ett gammalt hus i innerstan har en så låg hyra att det i praktiken inte är möjligt att bygga lika billiga lägenheter, även om det hade funnits plats. Därmed har kommunen ett omöjligt uppdrag och de som står i kön har ibland orealistiska förväntningar. Det som är realistiskt att kräva från ett planekonomiskt system är att det ska kunna produceras lägenheter på ställen där det finns plats att bygga. Därmed skulle ingen behöva stå i kö till lägenheter utanför de populäraste områdena. Om hyran skulle bli hög eller låg är svårt att veta eftersom det inte finns någon reell konkurrens, men man borde kunna förvänta sig att den inte ska vara högre än motsvarande månadskostnad för en bostadsrätt i samma område. Det man inte kan förvänta sig är att det ska vara en billig hyresrätt som kostar 3000 kr/månad. I dagens system är dem som inte har förmånen att komma över ett billigt kontrakt i innerstan, i bästa fall hänvisade till bostadsområden som ligger längre ut. Där är bostäderna av senare datum och kostar mer.

Söktrycket mot attraktiva områden är stort samtidigt som väldigt få lägenheter i den typen av områden förmedlas. Kötiden ligger på mellan 10 och 40 år. En lägenhet i innerstaden blir dock sällan ledig. Den säljs svart eller går i arv. Därför är det till exempel bara en bråkdel av Stockholms bostadsförmedlings lägenheter som förmedlas i innerstan. Lägenheterna förmedlas i stället i ytterområden, det vill säga i områden där det egentligen inte borde vara möjligt att ha någon kö att tala om. Fast även där finns det numera stabilt växande köer.

Det är viktigt att poängtera att köer är onaturliga. Om flera hundratusen människor står i kö år efter år, är det någonting annat som är problemet. De som står i köerna har pengar att betala med. Om man verkligen skulle vilja åtgärda köerna skulle det bara vara att ta en närmare titt på vilka önskemål de köstående har. När de anmälde sig i bostadskön, angav de ju både betalningsvilja och var och hur de vill bo.

Varför vill inte privata företag bygga hyresrätter?
Varför bygger då inte byggföretagen några hyreslägenheter? Det byggs ju både villor, kontor och bostadsrätter överallt. Det beror på att den som vill bygga lägenheter för uthyrning till privatpersoner inte

får ta ut högre hyror än de som gäller för Allmännyttans lägenheter. Man får heller inte göra större hyreshöjningar än Allmännyttan gör. Därmed blir det ointressant för ett vinstdrivande byggföretag att bygga hyresrätter. De koncentrerar sig på bostadsrätter, villor och kontor i stället. Om ett företag ändå bygger ett antal hyresrätter, som till exempel är 50 kvm stora och får priset 6500 kr/månad, kan företaget få problem. Det är inte några problem att få dem uthyrda, men om någon hyresgäst efter att den har flyttat in menar att hyran är högre än motsvarande hyror i jämförbara lägenheter med ungefär samma standard och bruksvärde, blir det värre. Det är nämligen möjligt att få hyran prövad i domstol. Om domstolen finner att hyresgästen har rätt, blir byggföretaget tvunget att sänka hyrorna för samtliga lägenheter i beståndet och får dessutom betala tillbaka pengar för den tiden som hyresgästerna har betalat för mycket. Mot den bakgrunden är det inte svårt att förstå varför det byggs så få hyresrätter. Om landets PC-butiker hade löpt risken att hamna i domstol om någon tyckte att deras datorer var för dyra, skulle de sannolikt välja att sälja någonting annat i stället. Mer logiskt hade varit att köpa datorn hos en försäljare som sålde billigare, i stället för att gå till domstol. Så länge det finns kö till hyreslägenheter är det dock svårt att välja det logiska alternativet.

En annan populär lösning är att försöka förmå företagen att pressa byggkostnaderna. Om de lyckades med det, skulle de teoretiskt sett kunna behålla mellanskillnaden och därmed både få lönsamhet i projektet och kanske också producera en del billiga lägenheter som folk med låga inkomster kan bo i. Det låter jättebra, men det som glöms bort i glädjeyran är att företaget som lyckas pressa ner sina inköpspriser och rationalisera sin byggteknik, fortfarande löper risken att hamna i domstol om hyran avviker från hyrorna i Allmännyttans lägenheter. Det vore nämligen osannolikt att ett byggföretag skulle kunna vara ensamt om att ha pressat kostnaderna. Om Allmännyttans byggprojekt, som oftast kontrakterar privata byggfirmor, också lyckades pressa kostnaderna, skulle det återigen bli aktuellt med överklagande. Så länge det går att överklaga hyressättningen i domstol förblir det ointressant att producera.

Varför vill inte kommunerna bygga hyresrätter?

Alla verkar vara överens om att kommunerna måste bygga fler bostäder för att bostadssituationen i landet ska förbättras. Problemet är att kommunerna själva sällan tycker det. Man kan fråga sig varför. Svaret är betydligt mer logiskt än frågan.

Man kan tycka att nu när marknadsmekanismen är satt ur spel och att byggföretagen därför inte kan tjäna pengar på att bygga hyresrätter, så vore det lämpligt att kommunerna tog den rollen, precis så som det var tänkt när stat och kommun tog över 1942. De har till och med köer där de sökande har angivit hur stora lägenheter de vill ha. Vad är då haken? Det stora problemet är att ett kommunalt bostadsbolag sällan har något uppdrag från kommunfullmäktige att se till att bostadsköerna ska byggas bort. En viktig uppgift för de kommunala bostadsbolagen är i stället att ha så sunda finanser att de inte äventyrar hela kommunens ekonomi. Idealet är ofta att bostadsbolaget ska ge viss avkastning på investerat kapital. Det beror bland annat på att flertalet av de allmännyttiga kommunala bostadsbolagen numera är aktiebolag. Då ligger det nära till hands att den som har bidragit med aktiekapitalet förväntar sig sunda finanser och till och med avkastning på det investerade kapitalet. Enligt en lag som kom 2011 slås det till och med fast att kommunerna ska kräva avkastning av sina bostadsbolag. Detta trots att allmännyttiga bostadsbolag anses vara icke vinstdrivande.

En annan aspekt är att kommunerna faktisk vill ha kö. De är inte onda av naturen och vill ha flera hundra tusen människor i kö, utan önskar sig en lagom stor och stabil kö. En sådan garanterar nämligen att bostadsbolaget har chans att inte gå med förlust. Om köerna byggs bort kommer det automatiskt bli ett antal lägenheter som inte går att hyra ut. Vid lågkonjunktur blir det ett stort antal och vid högkonjunktur ett mindre antal. Anledningen till det är att eftersom Bruksvärdessystemet används, kan man i allmänhet inte sänka hyrorna för mindre attraktiva lägenheter och inte höja dem för attraktiva.

Tidskriften Vår Bostad[xi] ställde en fråga till ett antal chefer i kommunala bostadsbolag. Frågan var vilket de ansåg skulle prioriteras. Bostadsförsörjning eller bolagets ekonomi.

Bostads-försörjning	Bolagets ekonomi	Vet ej
33 %	57 %	10 %

Svaren kan framstå som chockerande. Man ska dock inte dra för stora växlar av undersökningen. Samtidigt som kommunerna tar in 125 miljoner årligen i form av utdelning på satsat kapital låter man ofta bli att ta ut ersättning för satsat och utlånat kapital[xii]. Det innebär att skattebetalarna sammantaget bidrar med mer pengar än de får in.

Man kan ändå konstatera att de kommunala bostadsföretagen inte har i uppdrag att bygga bort köerna. Förfarandet är dock förståeligt. Varför ska kommunerna ta de risker ett omfattande bostadsbyggande innebär? Kommunerna lever i vardagen med strama budgetar, nerskärningar och minskande skatteintäkter. Omtanke om vård, skola och omsorg går före att utsätta det kommunala bostadsbolaget för mångmiljonrisker som skulle kunna tvinga kommunerna att dra ner på kärnverksamheten. Dessutom kräver bostadsbyggande ofta följdinvesteringar i form av ny infrastruktur, skolor och service. Många kommuner har 90-talskrisen i färskt minne. Då fick ett flertal kommuner ansöka om statlig hjälp för att deras bostadsbolag skulle slippa gå i konkurs. Orsaken till deras dåliga ekonomi var bland annat att de hade outhyrda lägenheter på grund av en djup lågkonjunktur. Ett privat företag med erfarenhet av bostadsbyggande och bostadsförvaltning tar kalkylerade risker. På grund av Bruksvärdessystemet kan de inte tjäna pengar, men om de hade kunnat göra det, skulle de ha byggt så länge det varit lönsamt. Bygger de fel slags bostäder som ingen vill ha, kommer de att förlora pengar och i värsta fall gå i konkurs. Då får någon annan förvaltare ta över konkursboet. En kommun vill absolut inte ge sig in i den typen av risktagande. 20 % av kommunerna saknar till och med en bostadsförsörjningsplan[1].

Om man frågar kommunerna själva varför de inte bygger tillräckligt mycket, vilket Boverket har gjort[1], anger de höga produktionskostnader, brist på mark och överklagande av detaljplaner som de viktigaste orsakerna. De byggprojekt som trots allt sätts igång av kommuner består till största delen av bostadsrätter. Inte av hyresrätter, trots att det är det som folk efterfrågar.

Hyresgästföreningen och förhandlingsordningen

	Allmännyttan	Privata	KPI
2004	2,3	2,3	0
2005	1,1	1,5	0,6
2006	0,9	0,9	1,9
2007	2,7	2,8	3,2
2008	3,3	3,3	1,3
2009	1,6	1,6	0,6
2010	2,6	2,3	2,1
2011	2,9	2,8	1,9
2012	2,2	2,1	0
2013	1,8	1,7	-0,2

Hyreshöjningar vs KPI. Enhet: % Källa: SCB

Hyresgästföreningen är en organisation med ca 760 anställda som 2003 omsatte 752 mkr. Medlemsavgifternas andel av omsättningen är 426 mkr. Ytterligare 165 mkr är förhandlingsersättningar. Huvudmotivet för Hyresgästföreningens existens är att den sköter hyresförhandlingarna åt samtliga 3 miljoner människor som bor i hyresrätt. Allmännyttan får trots detta oftast full täckning för sina kostnader, vilket har lett till att hyrorna oftast har ökat mer än KPI. I tabellen ovan ser vi att Allmännyttans hyreshöjningar till och med överstiger de privata värdarnas, trots att Allmännyttan är hyresledande. När Allmännyttan presenterar sina reella kostnadsökningar har Hyresgästföreningen svårt att sätta emot. Det låter ju logiskt att om Allmännyttans kostnader har ökat med en viss procent, så måste hyresgästerna också betala mer, annars går Allmännyttan med förlust och då faller hela systemet. Precis som Hyresgästföreningen själva uttrycker det i nedanstående citat är det problematiskt att den "självkostnadsprissättande" Allmännyttan i själva verket låter vinsterna gå in i annan kommunal verksamhet. Samtidigt får Allmännyttan, som regel täckning för sina kostnadsökningar utan att behöva tänka på att genomföra rationaliseringar och förbättra sin organisation, så som företag och organisationer normalt måste göra. Om ICA eller H&M skulle höja sina priser i takt med att kostnaderna ökade, utan att samtidigt se över sina egna kostnader och arbetsmetoder, skulle de ganska snart gå i konkurs.

"Att hyrorna höjs mer än inflationen har flera orsaker som att avskrivningarna och avkastningskraven ökat från ägarna och att det inom Allmännyttan finns ett läckage från företagen till annan kommunal verksamhet....Andra orsaker till höjningarna är att rationaliseringar av bostadsförvaltningen inte skett i samma utsträckning som i annan verksamhet....bostadsföretagen får också själva i hög grad svara för kostnaden för outhyrda lägenheter...Vår ambition för 2006 års hyresförhandlingar är att hyreshöjningarna inte ska öka mer än inflationen."[xiii]

Hyresgästföreningens mål är inte högre ställt än att hyreshöjningarna inte ska vara större än inflationen (KPI), något som man sällan lyckas gå i land med. Man kan fråga sig varför man över huvud taget behöver lägga resurser på att förhandla i ett reglerat system. Vore det inte enklare att indexreglera, nu när det ändå inte hjälper att låta Hyresgästföreningen förhandla? Då skulle åtminstone hyresgästerna vara garanterade att hyrorna inte ökar på ett obefogat sätt. Bland utländska investerare ska svenska hyresrätter ha rykte om sig att vara goda investeringar, självkostnadsprincipen till trots.[xiv] Det beror på att hyrorna för svenska hyresrätter aldrig sjunker. De blir högre och högre för varje år. Det kan tyckas tala emot det faktum att nybyggandet hindras av självkostnads/bruksvärdessystemet. Det är dock skillnad på att ta risker för nybyggande jämfört med att ta över ett färdigt bestånd där det finns potential för ständiga hyreshöjningar. Hyresgästföreningens existensbehov när det gäller förhandlingsdelen är något man också kan fundera på när man sitter på biografen eller på bussen och betraktar deras inte allt för billiga reklamfilmer och affischer. Man ska också ha klart för sig att Hyresgästföreningen är en organisation som agerar politiskt. De bedriver lobbyverksamhet som syftar till att bevara Bruksvärdessystemet. Enligt en undersökning av Dagens Eko[xv], gjord 2001, var 12 av 14 ledamöter i förbundsstyrelsen socialdemokrater. 6 ledamöter hade politiska uppdrag för Socialdemokraterna. Ytterligare fyra var medlemmar i partiet och ytterligare 2 sympatiserade med partiet. Den trettonde ledamoten var vänsterpartist och den fjortonde moderat.

Hyresnämnden

I början av boken såg vi hur Niclas Hedell blev tvingad ur sin lägenhet på grund av att Hyresnämnden beslutade att han använde den för lite. Vi kan tycka att de fattade fel beslut och inte borde ha låtit hyresvärden få rätt. Nu är lagen som den är och det är inte mycket vi kan göra åt det, annat än att konstatera att anledningen till att det behövs en speciell domstol för att hantera den här typen av ärenden är att vi använder Bruksvärdessystemet. På en fri marknad hade inte värden haft rätt att säga upp hyresgästen, såvida den inte hade misskött sig (normalt besittningsskydd). Däremot hade han på lång sikt kunnat höja hyran för att på så sätt göra den mer oattraktiv (Det finns dock sällan så fria marknader när det gäller bostäder att hyrorna kan höjas utan begränsning i belopp eller tid). Då kunde Niclas ha flyttat till en annan hyresvärd utan att stå i kö. På en fri marknad hade det heller inte varit nödvändigt att ha en domstol som bedömer om en person har behov av att bo i en lägenhet eller inte. Det hade hyrestagarna fått bedöma själva, precis som när de bedömer om de vill hyra en bil eller inte. Anledningen till att lagen finns är att innehavet av en hyresrätt ses som en förmån och därför bara ska innehas av folk som verkligen bor i dem på allvar. Den är inte, som i normala länder, en dussinvara som är lätt att få tag i.

I november 2004 beklagade sig Yusra Mohammed över att hon inte fick tillåtelse av värden att byta sin tvåa mot grannens trea.[xvi] Grannen var ensamstående, medan Yusra var fembarnsmamma och mycket väl skulle ha användning för ett extra rum. Den här typen av fall kan man också ta till Hyresnämnden. Då kommer den som har ett beaktansvärt skäl för bytet gå segrande ur striden. Värden kommer alltså med stor sannolikhet förlora tvisten. Det känns bra att rätten står på den svages sida gentemot en otrevlig värd. På en fri marknad är värdens kynne mindre betydelsefullt. Är man missnöjd flyttar man till ett bättre ställe och det blir upp till värden att försöka få en ny hyresgäst som står ut med dennes olater. Det finns nämligen ingen kö. I det svenska systemet är det svårt att byta bort en lägenhet som ingår i en besvärlig värds bestånd. Om värdens egenheter är allmänt kända vill naturligtvis ingen genomföra en byteshandel som leder till risk för krångel med hyresvärden.

I Sverige har vi konstruerat ett system som skapar så långa köer att det till och med blir svårt att ta sig ur dåliga hyresförhållanden. Dessutom säger lagen att vi måste ha ett hållbart motiv för att ha rätt att bo i en hyresrätt. De samhällsekonomiska kostnaderna för den här typen av helt onödiga rättsfall som har sin grund i att Bruksvärdessystemet tillämpas är naturligtvis höga.

Bostadsrättspriser

Priserna på bostadsrätter i storstäderna är höga och fortsätter dessutom att stiga. Även internationellt sett anses priserna i Stockholm och Göteborg vara höga. I en europeisk jämförelse är det bara Paris, London och Madrid som har högre prisnivå. Den här typen av undersökningar är beroende av hur man räknar, men vi kan ändå notera att Köpenhamn, Helsingfors och Oslo ligger efter Stockholm i listan och det är inte förvånande. En bidragande orsak för Stockholms del är naturligtvis att hyresrätterna utgör 50 % av det totala lägenhetsbeståndet. I takt med att efterfrågan på centrala lägenheter ökar, blir alternativet för dem som inte har lång nog kötid att köpa en bostadsrätt. Det gör att priserna stiger.

Hyresrätter i mindre attraktiva områden

Vi har redan sett på den prisbild som råder i Sverige. Hyresrätter som är belägna i attraktiva stadsdelar har i allmänhet inte högre hyror än likvärdiga lägenheter i mindre attraktiva stadsdelar. Hur förhåller det sig då med hyresrätter som är belägna i mindre orter där det finns gott om lediga lägenheter? Jo, även de hyresrätterna lyder under Allmännyttans och Hyresgästföreningens förhandlingsmonopol. Den som har en hyresrätt på en liten ort där det finns ett lägenhetsöverskott, får alltså räkna med ungefär samma hyreshöjningar som hyresgäster i övriga delar av landet. Vad är det som är konstigt med det? Om Allmännyttan har fått ökade kostnader måste väl hyresgästerna betala för det. Vem skulle annars göra det? Dessutom blir ofta hyresgästerna tvungna att betala för de lägenheter som står outhyrda, annars går Allmännyttan med förlust. Om vi i stället tänker oss att det införs marknadsprissättning på orter som har ett lägenhetsöverskott. Vad skulle hända då? Skulle de som hyr ut kunna höja hyrorna eller skulle de bli tvungna att sänka dem? Såvida det skulle uppstå någon konkurrens till Allmännyttan, skulle de givetvis inte kunna locka folk till att bo hos dem genom att hålla högre hyror än Allmännyttan. Allmännyttan själva skulle också bli tvungna att vidta rationaliseringsåtgärder för att få behålla sina hyresgäster. Problemet är alltså att om marknaden vore fri skulle marknadsprissättning innebära lägre hyror. I stället hålls de nu uppe på samma nivå som hyresrätter som är belägna i storstäder på grund av att Allmännyttan är prisledande. Den som köper en villa eller bostadsrätt på en liten ort kan räkna med att den är betydligt billigare än i en stad medan den som hyr en lägenhet möter samma priser som i staden. På senare tid har det dock kommit fram exempel på kommunala bostadsbolag som har nöjt sig med blygsammare höjningar än dem som varit aktuella på riksnivå, just för att lägenheterna ska bli lite billigare och mer marknadsanpassade. Det är alltså inte så att Allmännyttans hyror kan ses som det bästa pris som går att få. Det är i stället att betrakta som det enda pris som går att få. I mindre attraktiva områden och stadsdelar går det att pressa priserna nedåt lite grand.

Förstahands kontra andrahands

Att när man talar om hyreskontrakt definiera flera olika begrepp och att skilja på något som heter förstahandskontrakt och något annat som heter andrahandskontrakt, finns det bara behov av i Sverige eller i något annat land där delar av marknaden är reglerad. Det är bara då de två begreppen blir meningsfulla och förståeliga. Utomlands är det normala att man hyr en lägenhet som man sedan bor i tills man tröttnar på den. Vill man av någon anledning bo tillfälligt på en annan ort kan man hyra ut lägenheten till någon annan, förutsatt att det finns någon som vill hyra. De kan ju lika väl hyra en lägenhet i första hand, eftersom det inte finns någon kö. I andra länder finns, av naturliga skäl, nästan bara förstahandskontrakt. Där är därför begreppen första- och andrahandskontrakt relativt okända begrepp utanför Sverige.

Andrahandsuthyrning

I Sverige är andrahandsuthyrning vanlig. Det finns de som hyr ut sina lägenheter medan de av någon anledning är bortresta, men det finns också de som behåller sin lägenhet och hyr ut den i andra hand, även om de inte har för avsikt att själva använda den igen. Det beror på att lägenheten har ett värde. Dels är det svårt att få tag i en ny om man väl har lämnat den ifrån sig och dels finns det möjlighet att tjäna pengar på uthyrningen. Det faktum att det finns kö till alla typer av lägenheter leder till att det finns många som är villiga att betala mer i hyra för att få någonstans att bo. Det finns alltså utrymme för dem som vill tjäna pengar på sin hyresrätt att ta ut mer i hyra än de själva betalar till fastighetsägaren. En annan vanlig variant är att den som äger en bostadsrätt eller villa, samtidigt står i kö för en hyreslägenhet. När personen är framme i kön kan den välja på att sälja sitt nuvarande boende och flytta in i hyresrätten eller att fortsätta bo i bostadsrätten och hyra ut hyresrätten till ett pris som överstiger den hyra personen själv betalar. Att hyra ut en andrahandslägenhet till ett pris som överstiger priset för jämförbara lägenheter, är dock inte tillåtet och kan överklagas i Hyresnämnden.

Det är egentligen inte speciellt sunt att hyra en lägenhet i andra hand. Det innebär oftast bara nackdelar. Andras möbler, osäker löptid, pris som överstiger en teoretisk marknadshyra, med mera. På en fri marknad skulle andrahandsuthyrning decimeras till ett minimum eftersom avsaknad av kö gör det ointressant att hyra i andra hand. Det finns ju förstahandskontrakt att få.

Bytessystemet

Det svenska systemet där man byter lägenheter med varandra är också det något som oftast inte är relevant utomlands. Av svenskar upplevs systemet som fördelaktigt eftersom de då kan flytta in i en ny lägenhet utan att behöva säga upp den gamla. I normala länder finns det ingen kö. Därför hyr man först en lägenhet som man vill bo i och därefter säger man upp den gamla. Det tar väldigt kort tid att genomföra sådana transaktioner jämfört med hur svenskar kan få mixtra i både månader och år och vara tvungna att blanda in ytterligare parter för att få ett byte till stånd. Flertalet byten involverar också svarta pengar. Det är svårt att byta en etta mot en trea eller en etta i en förort mot en etta centralt eftersom de i människors medvetanden har olika värden. Därför blir man oftast tvungen att betala pengar under bordet eller att lämna flera lägenheter i byte mot en.

Det normala ute i världen, är att inte byta sin lägenhet över huvud taget. De flesta skulle nog uppleva det som ganska opraktiskt om de var tvungna att göra så med andra varor. Om jag hade en villa i Täby och ville flytta till Sundbyberg, skulle det bli ganska besvärligt att vänta tills någon i Sundbyberg ville byta och flytta till just min villa i Täby. Eller om jag hade en Audi från 1998 och hellre skulle vilja ha en SAAB från 2003. Byteshandel är något som man höll på med för flera tusen år sedan, innan penningsystemet infördes.

Svart marknad

Svart marknad är någonting som många äldre sätter i samband med andra världskrigets ransoneringar. Eftersom både import och inhemsk produktion var decimerad infördes ransonering. Varje person eller hushåll hade rätt att köpa viss kvantitet av en vara till ett visst pris. Då efterfrågan egentligen var högre än det ransoneringen gav, uppstod en svart marknad. Den som inte ville utnyttja sin kaffekupong kunde sälja den vidare till ett högre pris. Den som hade kaffe i lager kunde sälja det till ett pris som väsentligen översteg kupong/ransonerings-priset. En kuriositet är att vår tids Systembolag också konkurrerar med en svart marknad, fast i det fallet är svartabörspriset lägre än Systembolagets. Det beror på att priset på Systembolaget är högre än vad marknaden värderar varan till samtidigt som alkoholhaltiga drycker inte är någon bristvara. Därför blir priset på svarta marknaden lägre än det som gäller på Systembolaget.

Det mest logiska när man inte vill hyra någonting längre är att säga upp det man hyr och flytta någon annanstans. I Sverige är det inte alltid så. Då det finns kö, är det många som kan tänka sig att betala pengar emellan för att kunna gå förbi kön och komma i besittning av ett kontrakt. Handel med hyreskontrakt anses vanlig och priserna ligger på flera hundratusen kronor, beroende på läge och standard. Den här typen av handel är olaglig och är därför svår att mäta, men enligt en undersökning[xvii] sker det i Stockholm ca 3000 svarta transaktioner per år. Medelpriset är 330000kr. Den svarta marknaden omsätter således en miljard kronor varje år. Siffrorna gäller för 1999 och är sannolikt betydligt högre idag. Att genomföra en sådan svart transaktion är naturligtvis inte helt okomplicerat. Det vanligaste sättet är att det sker ett skenbyte. Köparen registreras på en lägenhet som mellanhanden har kontraktet på. Därefter genomförs ett byte. Köparen skenbyter mellanhandens lägenhet mot den lägenhet han köper svart. Säljaren lämnar då sin lägenhet och erhåller samtidigt kontanter. Polisen utreder bara svarthandel med hyreskontrakt om de får in en anmälan. Det sker ytterst sällan, eftersom det är en win-win situation för de inblandade parterna.

Ombildning av hyresrätt till bostadsrätt

På senare tid har det i storstäderna blivit vanligt att hyresgäster bildar en bostadsrättsförening och köper ut sina lägenheter. Det är en laglig rätt som kan utnyttjas. Ombildningen är ett majoritetsbeslut, men den som absolut inte vill köpa sin lägenhet har rätt att bo kvar på samma villkor som tidigare. Syftet med att äga en bostadsrätt i stället för att hyra, är att man får större inflytande över sin bostad. Man kan renovera som man vill och är som medlem i föreningen inte bara ansvarig för sin egen lägenhet utan också för fastigheten och utemiljön. Naturligtvis finns det också ett annat motiv. Priset vid en utförsäljning brukar sättas så att månadskostnad inklusive räntekostnad blir ungefär den samma som den nuvarande hyran. Det innebär att inköpspriset i attraktiva lägen är satt betydligt lägre än marknadspriset. När den nyblivne bostadsrättshavaren vid ett senare tillfälle vill sälja sin lägenhet kan han alltså räkna med en ordentlig vinst. Det som ur ett svenskt köperspektiv är positivt med ombildningar, är att nu har vem som helst i framtiden möjlighet att köpa en lägenhet som annars med stor sannolikt skulle ha sålts vidare på svarta marknaden eller behållits. Man kan också vända på resonemanget och hävda att nu kan inte vem som helst stå 10 år i kö och sedan flytta in i lägenheten. I stället måste man skaka fram nog med kapital för att köpa den. I vilket fall som helst är det Bruksvärdessystemet som ger incitament till att genomföra ombildningen och därmed orsakar att lägenheten upphör att vara hyresrätt.

Byte mellan hyresrätt och villa eller bostadsrätt

Den som har kontrakt på en hyresrätt kan helt lagligt byta sin lägenhet mot en villa eller en bostadsrätt. I sådana fall får inte lägenhetsinnehavaren betala lägre köpeskilling för villan eller bostadsrätten i utbyte mot lägenhetskontraktet. I verkligheten får givetvis den som lämnar ifrån sig lägenhet en premie för det. Varför skulle man annars lämna en lägenhet i utbyte? Lägenheten har alltså ett reellt värde. En sådan transaktion skulle vara meningslös i ett oreglerat system eftersom samma lägenhet hade gått att hyra direkt, utan att stå i kö.

Att byta sin hyresrätt mot någon annan boendeform och därmed få en nedsättning av inköpspriset är något som förekommer ofta och helt öppet, även om det inte direkt skyltas med uttrycket "nedsättning av inköpspriset". Nedanstående annons fanns att läsa hos Svensk Bomarknad.

"Vi kan hjälpa dig när du ska sälja, köpa eller byta boende oavsett i vilket skede i livet du befinner dig. Vi kan till och med ordna en hyresrätt till dig i Stockholms innerstad som byte när du säljer villan/radhuset genom oss. Många villasäljare tycker att det blir för dyrt att köpa en bostadsrätt. Därför är byte till hyresrätt mer aktuellt för många än tidigare. Vi kan ordna en liten hyresrätt till ditt hemmavarande tonårsbarn som ska flytta hemifrån när du säljer villan/radhuset genom oss och själv köper en annan bostad.[xviii]"

Bruksvärdessystemet gynnar den som kan ta sig förbi kön

Rörligheten på den reglerade hyres"marknaden" är låg. Det är ytterst sällan en lägenhet i Stockholms innerstad förmedlas genom Bostadsförmedlingen. Man räknar med att merparten av dem som kommer över ett hyreskontrakt i ett attraktivt läge gör det genom att köpa svart eller genom att utnyttja sitt kontaktnät.

Enligt en undersökning gjord av nätverket "Rädda hyresrätten" är medelinkomsten i ett hyreshus i Vasastan (Stockholms innerstad) ca 50 % högre än ett hus med likvärdiga lägenheter i Akalla (miljonprogramsförort), trots att hyresnivåerna är ungefär de samma. Undersökningen är inte vetenskapligt utförd, men resultatet lär knappast förvåna någon. Folk som bor i Allmännyttans bostäder i innerstan har i allmänhet betydligt högre inkomst än dem som bor någon annanstans. Det är fullt möjligt att ta reda på hur mycket var och en tjänar eftersom det är en offentlig handling. Meningen med Bruksvärdessystemet är egentligen att det ska vara lika enkelt för en låginkomsttagare som för en höginkomsttagare att få tag i en lägenhet, oberoende av var någonstans den är belägen. I stället blir det i praktiken så att Bruksvärdessystemet framför allt gynnar välbeställda människor som har råd att köpa svart eller ta sig förbi kön på annat sätt. Normalinkomsttagare, invandrare och resurssvaga grupper missgynnas eftersom köerna är för långa samtidigt som medlemmar ur de grupperna oftast har ett sämre kontaktnät och mindre pengar att handla svart för.

Att bo i en hyresrätt på en attraktiv adress innebär naturligtvis en prismässig fördel. Hyran för den reglerade lägenheten understiger det pris som teoretiskt sett skulle ha betalats på en fri marknad. Att bo i en hyresrätt i ett mindre attraktivt område däremot, innebär ofta en prismässig nackdel, eftersom husen där är nyare och har högre bruksvärde. Hyrorna i sådana områden överstiger sannolikt en teoretisk marknadshyra eftersom det i praktiken saknas priskonkurrens till Allmännyttan. Man kan nästan säga att folk i oattraktiva områden sponsrar innerstadsbornas billiga hyresrätter. Med tanke på att majoriteten av hyresrättsinnehavarna i innerstan knappast tillhör så kallade resurssvaga grupper, snarare tvärtom, kan man fråga sig varför det är så behjärtansvärt att skydda dessa välbeställda personers privilegium. Ville man verkligen göra det möjligt för mindre bemedlade att bo i innerstan skulle det vara lättare att använda sig av riktade bidrag eller kvotering. En allmänt hållen reglering gynnar sällan den svage. De behöver lägenheter nu. Inte om 20 år.

Resurssvaga grupper stängs ute

Bruksvärdessystemet sägs kunna skydda grupper som annars skulle ha svårt att skaffa sig en bostad på vanligt sätt. Vi kommer då kanske att tänka på grupper som låginkomsttagare, arbetslösa och utslagna. Vi vill nog gärna tro att den mindre bemedlade, genom att stå i en bostadskö som är kontrollerad av kommunen och som lyder under Bruksvärdessystemet, på ett smidigt sätt ska kunna få en bra lägenhet som dessutom kostar mindre än den skulle göra på en fri marknad. Det vill säga att syftet skulle vara att den mindre bemedlade skulle få en fördel gentemot övriga. Så är det inte riktigt. Det finns i praktiken sällan någon förtur för medlemmar ur de här grupperna, utan de får stå i samma kö som alla andra.

Tvärtemot vad vi vill tro är alltså inte medlemmar ur resurssvaga grupper överrepresenterade bland dem som just nu tilldelas lägenheter genom Allmännyttan. De här personerna har i stället extremt svårt att få tag i en permanent bostad. Det beror på att de allmännyttiga bostadsföretagen har satt upp väldigt hårda kriterier för att en bostadssökande ska kunna komma i fråga som hyresgäst. Det finns två kriterier som genomgående tillämpas. Det första är fast inkomst och det andra är frånvaro av betalningsanmärkning. Vissa bostadsbolag kräver till och med fast anställning. Det innebär att en sökande inte kan arbeta som vikarie, vara projektanställd, studera eller Gud förbjude, vara arbetslös. I det fallet spelar det alltså ingen roll om den sökande har en fast och trygg arbetslöshetsersättning eller vikarielön. Det som gäller är fast jobb.

Vi kan alltså konstatera att för att kunna hyra en lägenhet i ett kommunalt bostadsbolag måste man ha haft trygg inkomst och får inte ha slarvat med betalningarna. Därmed utesluts många individer i ovan nämnda grupper och deras hopp står till att socialtjänsten ställer upp med betalningsgaranti. Allmännyttan kan alltså sägas vara till för människor som lever ett tryggt och stabilt liv. Mindre bemedlade göre sig icke besvär. Tillhör man en resurssvag grupp kan man sällan räkna med Allmännyttan. Slagen till slant blir aldrig riksdaler. Det känns underligt att ha en hyresreglering som gynnar resursstarka personer snarare än dem som verkligen hade kunnat ha nytta av en reglering.

Politiker och fackliga representanter

På senare år har politiker, fackpampar, kända personer med flera kommit i rampljuset. I egenskap av sina ämbeten har de kunnat utnyttja kontakter i syfte att skaffa lägenheter till sig själva och till sina släktingar. De har alltså, till allas förvåning, inte velat stå erforderligt antal år i den bostadskö som de själva officiellt tycker är bra, utan har genom sina rörliga intellekt och väl tilltagna kontaktytor gått andra vägar. I förbifarten glöms det ofta bort att det är Bruksvärdessystemet som har gjort agerandet möjligt. Lägenheternas hyror har varit lägre än vad marknaden har värderat dem till. Det är därför pamparna inte har kunnat hålla fingrarna i styr. Om politiker och pampar hade varit tvungna att betala marknadspris för sina innerstadshyresrätter hade det inte funnits något att anmärka på. Moderaternas Ulf Kristersson är ett exempel på en politiker som inte har något bra svar på varför han har kommit över en av Ersta diakonisällskaps innerstadslägenheter.

Subjektiva kommunala bostadsbolag

Att privata hyresvärdar är subjektiva i sin bedömning när de ska ta in en ny hyresgäst förvånar kanske ingen. De vill ha en så solid och skötsam hyresgäst som möjligt. Eller som (kommunala) Stockholms bostadsförmedlings VD uttrycker det när han vänder sig till de privata värdar som lämnar lägenheter till förmedlingen[xix]:

"Det är alltid Du som bestämmer villkoren för vem som blir godkänd som hyresgäst hos Dig. De sökande som vi föreslår ska motsvara de krav som Du ställer på Dina hyresgäster. Vårt mål är att Du alltid skall vara nöjd med de hyresgäster vi presenterar!"

Hur är det då med de kommunala allmännyttiga värdarna som har som uppgift att se till att kommunens invånare har någonstans att bo? Precis som vi har antytt i ett tidigare stycke, är det ingen större skillnad. Ett flertal bolag tillämpar dessutom urvalskriterier som är direkt olämpliga. De har ingen kö, utan gör ett urval som grundar sig på ett antal subjektiva kriterier. Att stå i kommunal bostadskö för en lägenhet i ett allmännyttigt bostadsbestånd är knappast lättare eller mer generöst än att stå på någon privat värds lista. Följande kriterier tillämpas av de flesta kommuner och utgör minimikrav för att låta någon hyra en lägenhet:

- Egen tillräcklig fast inkomst
- Inga betalningsanmärkningar
- Skötsamt boende hos nuvarande värd.
- Fyllt 18 år.

Upplands-Bro:

I Upplands-Bro kommun, tre mil nord-väst om Stockholm, är det Upplands-Brohus som står för det allmännyttiga bostadsbeståndet. Upplands-Brohus har en bostadskö som grund för att fördela lediga bostäder. I november 2004 stod ca 6000 personer i kön. Det som är speciellt med Upplands-Bros bostadskö är att lägenheterna som fördelas, i första hand går till personer som är skrivna i Upplands-Bro kommun. Det är alltså fullt tillåtet för personer som inte bor i Upplands-Bro att stå i kön, men för att verkligen kunna få en lägenhet måste man i praktiken vara skriven där. Det spelar ingen roll om man står i kön från det man föds till man dör. Någon lägenhet blir det inte förrän alla Upplands-Brobor har fått sitt.

Prioritering i Upplands-Bro:
1. Internt boende mer än tre år eller deras hemmavarande barn.
2. Övriga som är mantalsskrivna i Upplands-Bro kommun
3. Sökande med anknytning till Uppland-Bro kommun (barn, föräldrar, fått arbete i kommunen)
4. Övriga sökande

Sundbyberg:

Här är man än mer bestämd än kollegorna i Upplands-Bro. Det kommunala bolaget Förvaltaren AB, kräver att den bostadssökande antingen är skriven i Sundbyberg eller arbetar där. Det är inte svårt att förstå en kommunpolitikers argumentation. Naturligtvis vill de att de eftertraktade kommunala lägenheterna enbart ska tillfalla den egna kommunens invånare. Men hur kan Sundbybergs och Upplands-Bros kommuner ta sig rätten att använda en statlig reglering i syfte att diskriminera alla människor som inte är skrivna i en viss kommun? Om alla kommuner tillämpade den typen av regler skulle det vara omöjligt att flytta från ett ställe till ett annat. Såvida man inte räknar med den unika svenska "bytesrätten" förstås. I november 2004 fanns det knappt 5000 personer registrerade i Förvaltarens kö. Kraven för att få stå i kön är följande:

Nuvarande hyresgäst hos Förvaltaren eller
Folkbokförd i Sundbybergs kommun eller
Egenföretagare i kommunen eller
Anställd på företag i kommunen

Stockholm:
Stockholms bostadsförmedling är ett kommunalt bolag med 55 årsanställda som ingår i Stockholms stad. De allmännyttiga bolag som lämnar lägenheter till bostadsförmedlingen är Familjebostäder, Stockholmshem och Svenska bostäder. Bostadsförmedlingen har också hand om Huddinge kommuns kö. För att finansiera verksamheten betalar den köstående en avgift på 325kr per år. Dessutom tar bostadsförmedlingen ut en förmedlingsavgift på 2000 kr för varje förmedlat objekt. 2004 fick förmedlingen in 35 Mkr i köintäkter. Samtidigt gick verksamheten med ca 5 Mkr i vinst. Bostadsförmedlingen i Stockholm tillämpar inte samma geografiskt diskriminerande regler som Upplands-Bro och Sundbyberg. Vem som helst kan ställa sig i Stockholms kö och kan förr eller senare förvänta sig att få sig en lägenhet tilldelad. Såvida man uppfyller de kriterier som hyresvärden ställer när denne väljer hyresgäst. Noterbart är att för de allra flesta lägenheterna som förmedlas ställer värden krav på inkomst och till och med fast anställning. I augusti 2005 fanns knappt 120 000 personer registrerade i bostadsförmedlingens kö. Den 31 december 2013 hade antalet stigit till drygt 431 000.

Göteborg:
Det allmännyttiga bostadsbolaget tillämpar ungefär samma grundkrav som flertalet andra. Inkomstkrav, kreditvärdighet, referenser från tidigare boende och referenser från arbetsgivare. Dessutom har de en prioriteringsordning för dem som inte redan är hyresgäster i bolaget. Den gäller sökande som saknar bostad, nyinflyttade med arbete eller tidigare hyresgäster i bolaget med goda referenser. Om det finns en ledig bostad går den i första hand till den sökande som

redan är hyresgäst i bolaget. Då får den sökande med längst kötid lägenheten. Om lägenheten ska gå till en utomstående tillämpas ingen speciell kötid. Det görs i stället en samlad bedömning innan det beslutas vem som ska få lägenheten.

"Vi lägger stor vikt vid att få rätt kund till rätt bostad. Det innebär att vi tar hänsyn till hushållssammansättningen i en trappuppgång eller på en gård där det finns en ledig lägenhet. Till vissa lägenheter söker vi barnfamiljer och till andra passar det bättre med äldre sökande eller kanske yngre ensamstående osv. Allt beroende på grannskapet och hushållssammansättningen"

Bolagets strävande är kanske ett hedervärt led i att motverka segregering, men om man tänker ett steg längre på vad deras metod innebär, känns det nästan lite obehagligt. Tjänstemän på ett allmännyttigt kommunalt bostadsbolag sitter alltså och tänker ut var folk ska bo någonstans. Det kommunala bostadsbolaget har makt att placera ut människor där det anser att de passar bäst, i stället för att helt enkelt rätta sig efter var de vill bo. Det är ett väldigt godtyckligt förfarande, grundat på luddiga regler som dessutom inbjuder till korruption. Hur bär sig Bostadsbolaget åt när de får 100 sökande på en lägenhet och ska bedöma vem som är lämpligast? Bostadsbolaget hade i juni 2005 cirka 49000 personer som aktivt sökte bostad. Det innefattar både befintliga lägenhetsinnehavare och utomstående.

Malmö:

MKB fastighet är det dominerande bostadsbolaget i Malmö. Det är kommunalt och allmännyttigt. I likhet med Bostadsbolaget i Göteborg tillämpar de inget regelrätt kösystem utan grundar sina urval på bedömningar.

"MKB vill bidra med att skapa trivsel i boendet. Vi vill undvika onödiga omflyttningar, samt försöka hitta ett för dig optimalt boende. När vi gör vårt urval tar vi hänsyn till en för trapphuset, gården och bostadsområdet mest lämpad hushållssammansättning och om den aktuella lägenheten motsvarar den sökandes önskemål och behov. Till vår hjälp i vårt urval har vi de uppgifter som du lämnat i ansökan "Min sida". Det är på "Min sida" du preciserar dina önskemål och krav på den lägenhet du söker. Vad är viktigt för dig i ditt boende, har du några

Det är inte underligt att MKB nyligen ertappades med ett speciellt register där hyresgästernas personliga egenskaper (som inte togs upp på "Min sida") beskrevs. Med det urvalssystem MKB använder sig av torde ett sådant register vara till god hjälp. MKB har inget kösystem men hade i juni 2005 omkring 15000 personer som aktivt sökte bostad. Det innefattar både befintliga lägenhetsinnehavare och utomstående.

Både Malmö- och Göteborgssystemet är system som gör att den bostadssökande inte får kontroll över situationen. Han kan inte peka ut ett speciellt bostadsområde och sedan förvänta sig att få bo i det. Han vet heller inte vilka egenskaper som krävs för att få en bostad. Det kan dröja två månader eller 10 år. I Stockholm vet de köande åtminstone att om x antal år kan det bli deras tur. Det skulle till och med kunna vara så att någon i sin presentation har angivit egenskaper som tjänstemannen på bostadsbolaget tolkar som olämpliga, vilket kan leda till att den personen aldrig någonsin kan komma i fråga för en lägenhet. Det som en gång var ett system som syftade till att ge medborgaren en chans till ett gott boende har i de kommunala bostadsbolagens regi förvandlats till ett slags anställningsförfarande där den bostadssökandes kvaliteter analyseras för att i ett senare skede kunna placeras ut på rätt typ av bostadsområde. Förutsatt att han uppfyller kraven,

Calle får en idé

Det här är Calle. En kulen dag satt Calle på sin kammare och funderade. Snart skulle det bli val. Kommunalval. Calle hade alltid velat vinna ett val, men hur skulle det egentligen gå till, undrade Calle för sig själv. Det var ungefär i den vevan Calle fick en lysande idé. Han skulle helt enkelt lova sina potentiella väljare någonting. Det skulle väljarna tycka om. Men, tänkte Calle sen, det gör säkert alla andra politiker också. Attans också! Det som hade verkat som en så utomordentligt god idé. - Du får helt enkelt lova dem något som är mycket bättre än det som de andra lovar, sade Calles ömma hustru då. Ja, så får det bli, utbrast Calle och kände sig genast mycket bättre till mods. Calle fortsatte med sitt funderande ett par dagar till. Han tänkte och tänkte och tänkte och så tänkte han ännu mer, och så kom han på det!

Nästan alla Calle kände bodde i huvudstadens finare kvarter. Det var där Calle allra helst rekryterade väljare och nu hade Calle kläckt en oslagbar idé. Han ville förmedla ett budskap som ingen skulle kunna motstå. Det gällde något som berörde alla och envar. Varje onsdagskväll träffade Calle en del av sina väljare, eller rättare sagt vänner, för att bada bastu. Vid något tillfälle hade flera av dem inte bara hött med nävarna utan också dängt dem i sittbänkarna så att både svett och drycker hade skvätt vida omkring. De hade bannat en icke närvarande partivän som hade antytt, eller kanske snarare krävt, att nu skulle det vara slut på hyresrabatter och uppskruvade bostadsrättspriser. Så här får det inte gå till, hade bastubadarna då orerat med hätska stämmor. Nej, nej hade Calle lugnat dem då. Kommer väl aldrig på fråga. Inte ska bror oroa sig, etc. Men visst hade han sett tvivel i deras öl- och sherrylysande ögonhålor.

Calle gjorde slag i saken. Inte ville han medverka till att hans egna väljare skulle få hiskeliga kostnader eller göra svidande förluster vid eventuell försäljning. Calle skulle personligen se till så att det i fortsättningen inte ens skulle antydas något om marknadsanpassning av hyresnivåer. Ett sådant tilltag skulle ju leda till att hans egna väljares hyror skulle öka samtidigt som priserna på bostadsrättsrätter automatiskt skulle sjunka. Tilltaget skulle i och för sig ha kunnat leda till stora fördelar för dem som stod i kö eller dem som bodde i förort, men det berörde inte Calle eftersom hans väljare bodde på helt andra adresser.

I god tid före valet skickade Calle sålunda ut en skrivelse till folket. Med folket avsåg Calle det folk som bodde i Stockholms innerstad. Calle lovade dyrt och heligt att om hans parti fick makten skulle det inte bli tal om någon avreglering av hyresmarknaden. Basta. Hur tror ni att det gick för vår Calle i valet? Jo han vann sitt val och regerade lyckligt i fyra år.

Fotnot. Inför valet 1998 skickade moderaten Carl Cederschiöld ut ett brev till samtliga hushåll i Stockholms innerstad där han lovade att det inte skulle bli någon avreglering av hyresmarknaden.

Politiker om Bruksvärdessystemet

Prisreglering och planekonomi är något som traditionellt förespråkas av socialistiska partier. I Sverige har vi en situation där också de borgerliga partierna emellanåt höjer sin lans för Bruksvärdessystemets bevarande. Det är då främst Moderata samlingspartiet som kommer i blickfånget. Ett parti som annars sällan har något emot att köpare och säljare avtalar ett pris på en fri marknad, borde naturligtvis kräva Bruksvärdessystemets avskaffande omedelbums. Carl Cederschiölds initiativ från 1998 är ett komprometterande exempel. I stället för att slå ett slag för fria hyresavtal på en fri och oreglerad marknad, propagerar han för att en reglering ska bevaras, eller i alla fall inte genomgå några drastiska förändringar. Denna reglering av öststatsmodell som leder till umbäranden likt den värsta brödkö i Leningrad, skyddas alltså av landets på papperet mest liberala parti. Han gör det i syfte att lugna innerstadsväljare som vid fri hyressättning med stor sannolikhet skulle drabbas av högre hyror och sjunkande bostadsrättspriser, samtidigt som hela landet lider av en icke fungerande bostadsmarknad.

Carl Cederschiölds agerande är också ett exempel på hur fel det kan bli när man är otydlig och inte kan bestämma sig för om man är anhängare av marknadsekonomi eller planekonomi, och vad menar egentligen Fredrik Reinfeldt när han säger att han inte vill ha marknadshyror utan ett Bruksvärdessystem där lägesfaktorn tillåts slå igenom? Normalt propagerar borgerliga partier för att den bästa kvaliteten och den lägsta prisnivån uppnås genom konkurrens på en fri marknad och inte genom någon form av statlig reglering. Det är till exempel därför de kämpar för att det ska vara möjligt att tjäna pengar på sjukvård. Den som ger sig på att läsa de borgerliga partiernas bostadspolitiska program, kommer att se att de faktiskt är överens om att Bruksvärdessystemets och Allmännyttans dominans är förödande, samt att de om än inte förespråkar marknadshyror i alla fall vill ha en friare hyressättning, till exempel för nybyggnad. Det här kan ha sin grund i att marknadsanpassade hyror är ett inflammerat och tabubelagt ämne som väcker känslor och framkallar slagord som går i svart och vitt och att man därför vill gå varligt fram. Eller beror det också på att de inte vill stöta sig med känsliga väljare som bor i attraktiva hyresrätter och bostadsrätter? Precis om Carl Cederschiöld.

Någon gång kan det till och med hända att en vänsterpartist protesterar mot regleringen. "Samhället klarar inte längre av bostadsförsörjningen, det är dags för marknaden att ta över."[xx] Så uttryckte sig en vänsterpartist från Lund i en motion till partistämman.

Något som de borgerliga däremot är odelat positiva till är ombildning av hyresrätt till bostadsrätt. Då priset vid ombildningen är väsentligt lägre än marknadspriset, är det väldigt förmånligt för den enskilde lägenhetsinnehavaren att köpa sin lägenhet. Det drabbar inte känsliga väljare, snarare tvärtom.

Debattklimatet

Man brukar tala om att ett ämne eller en åsikt når mognad. Åsikten genomgår en transition från att vara totalt fel till att bli någorlunda rumsren och så småningom till att vara helt självklar. Åsikten behöver tid på sig för att bli ordentligt genomlyst och förklarad. Vissa åsikter kan i efterhand bedömas ha varit så långt före sin tid att de därför blev betraktade som helt omöjliga. Ett klassiskt exempel var när Galileo Galilei anslöt sig till Kopernikus teori och hävdade att jorden var rund och dessutom kretsade runt solen. Den åsikten renderade Galilei en plats bakom lås och bom. Det finns naturligtvis åsikter som aldrig kvalificerar sig för en transition. De är och förblir omöjliga och fel. I Sverige har vi ett ganska snävt debattklimat. Åsikter och beteenden är antingen fel eller rätt. För tillfället är det totalt fel att vilja vara hemmafru. Däremot kan det vara helt rätt att vara hemmaman. Vi brukar kalla ett ställningstagande som passar in i den uppsättning av åsikter som för tillfället anses vara rätt och riktiga, för politiskt korrekta. Att propagera för en ändring av Bruksvärdessystemet är inte politiskt korrekt och har heller aldrig varit det. Åsikten anses lika fel som om någon skulle påstå att regnskogar är till för att huggas ner. Därför är det ytterst sällsynt att någon debattör eller politiker öppet vågar angripa eller ens ifrågasätta Bruksvärdessystemet. Så fort någon andas marknadsanpassning eller reformering av Bruksvärdessystemet, uppstår det en väldigt obehaglig stämning. När det gäller miljonprojektsområdena har det redan från början varit tillåtet med kritik. Man kan till och med säga att det är politiskt inkorrekt att inte se negativt på en miljonprogramsförort. Trots att det faktiskt är staten som genom bland annat Bruksvärdessystemets föregångare, Hyresregleringen, gjorde Miljonprogrammet nödvändigt. På senare år har man dock bytt åsikt lite grand och det har blivit mer politiskt korrekt att inte förutsättningslöst skälla ut miljonprogrammet, utan att i stället lyfta fram det positiva som till exempel mångfalden och de aktiviteter som pågår i förorterna. Man koncentrerar sig på människorna som bor där snarare än arkitekturen i sig.

Ica-kuriren. Det är en trevlig tidning med stor upplaga och bra spridning. I ett nummer[xxi] beskrivs två unga människors vedermödor på bostadsmarknaden. Masse och Sofia har under ett flertal år cirkulerat runt i olika delar av Stockholm utan att ha kunnat hitta en permanent bostad. Sofia säger sig ha bytt bostad åtta gånger på tre år. Den här typen av artiklar hittar man med jämna mellanrum i olika typer av publikationer, såsom dagstidningar, veckotidningar och diverse magasin. Det som utmärker dem är bristen på undersökande och kritisk journalistik. Man återger det som intervjuobjekten säger, utan att analysera det som sägs. Hur menar jag nu? Ljuger Masse och Sofia? Nej, de far inte med osanning på något sätt. Däremot kan man ifrågasätta artikelns andemening. Den går som så många gånger förr ut på att stat, kommuner och byggföretag måste övertalas till att bygga fler bostäder. Det är de enda alternativen som diskuteras. Mona Sahlin, jagvillhabostad.nu, Hyresgästföreningen och en byggforskare intervjuas och ger sin syn på saken. I vanlig ordning görs ingen jämförelse med utlandet och den egentliga orsaken till problemen (Bruksvärdessystemet) nämns över huvud taget inte. Skulle artikeln handlat om att det var brist på skor, skulle man knappast ha försökt övertala skotillverkare, stat och kommun att agera. Skotillverkarna skulle i och för sig redan ha hunnit agera innan bristen hade uppstått eftersom det hade funnits möjlighet att tjäna pengar. På grund av det bruksvärdessystem som används i Sverige, blir det inte lönsamt att producera. Därför försöker man övertala stat och kommun att ta över produktionsrollen. Problemet är att de inte vill det. Även när Dagens Industri försöker förklara varför bostadsrättspriserna i Stockholm är bland de högsta i världen, blir det knepigt.[xxii] Orsaken sägs vara att Stockholms innerstad är så liten samt att staden ligger vid vatten. Den största orsaken, att halva beståndet på bostadsmarknaden (hyresrätterna) är reglerat, nämns inte i klartext.

I juni 2005 lägger Hosan Zahir fram sitt examensarbete på institutionen för infrastruktur och fastighetsekonomi på KTH[xxiii].

Uppsatsen kommenteras i pressen och röner visst uppseende. Han har räknat fram teoretiska marknadshyror för lägenheter i Stockholm, utifrån en matematisk modell. En tvåa på Djurgården kommer till exempel till att kosta 15400 kr medan en tvåa i Hässelby går på 5400 kr. Problemet med Zahirs uppsats är att de hyresnivåer som anges tolkas som realistiska. I själva verket gäller de bara om tre förutsättningar är uppfyllda. Ett: Att inga nya bostäder tillkommer, trots att prisregleringen slopas. Två: Att det är förbjudet att köpa en bostadsrätt eller villa som är billigare. Tre: Att hyresgästerna har möjlighet att lägga obegränsad del av sin inkomst på boendet.

Det är olyckligt att man både i uppsatsen och i media inte kommenterar det orimliga i att försöka mäta marknadshyror samtidigt som man bortser från marknadens sätt att fungera. Det Zahir har räknat fram har säkert någon vetenskaplig mening, men det är inte realistiska marknadshyror. Vem skulle i verkligheten kunna betala 14 000 kr samtidigt som inkomsten är 18 000 kr? Det finns säkert någon som skulle kunna göra det, men att alla de miljoner människor som bor i hyreslägenhet helt plötsligt skulle ha råd med så stora höjningar är orealistiskt. Även om det skulle bo två personer i samma lägenhet skulle de bli tvungna att öka sina utgifter för boendet med ca 10 000 kronor, vilket motsvarar 250 %.

	Int e skatt	"Marknadshyra" 2RoK	Kvar i plånboken	Kostnad bostadsrätt[xxiv]
Vasastan	18000	14300	3700	7500
Södermalm	17000	12900	4100	7500
Tensta	9000	5900	3100	4000

Medelinkomster (20-64 år) och marknadshyra från Zahirs uppsats år 2005. Kostnad bostadsrätt se fotnot.

I en debattartikel från 2001[xxv] har Hyresgästföreningens Barbro Engman fått med sig Anna Lasses från Sveriges förenade studentkårer. De menar att unga människor inte har någonstans att bo trots att de har pengar att betala med, därför kräver de krafttag för att komma tillrätta med situationen. Det är både intressant och väl överensstämmande med verkligheten. Mindre roligt blir det när de föreslår hur problemet ska lösas. Vi har hört det förut. Att alla ska hjälpa till. Stat, kommun och privata företag ska tillsammans börja bygga bostäder och det ska införas speciella stimuleringsbidrag. De säger också något annat som är väldigt intressant och som visar på hur olika det går att tolka fenomen som har med Bruksvärdessystemet att göra.

"Sverige hör i dag till de EU-länder som har den mest marknadsstyrda bostadspolitiken. Problemet är bara att marknaden har lämnat walkover. Den har inte visat på några nya kreativa lösningar vad bostadsfinansiering eller billigare bostadsbyggande. Den nöjer sig med att tillgodose behoven hos den lilla grupp bemedlade som vill ha ett exklusivt boende och där vinstmarginalerna är höga (lyxiga bostadsrätter. Förf anm)."

Som vi tidigare har sett, finns det inget annat land i världen som har en så reglerad marknad som Sverige. I alla fall inte vad gäller hyresrätter. Det som känns konstigt är att en så pass initierad person som Hyresgästföreningens ordförande inte verkar känna till det. Det är nog ändå inte så enkelt att man kan säga att hon försöker bluffa och skylla på marknaden. Barbro Engman känner säkert mycket väl till spelreglerna på bostadsmarknaden, men hon upplever det inte som ett problem att företagen tjänar betydligt mer på att bygga bostadsrätter, villor och kontor. Inte heller att den som i praktiken bygger en hyresrätt riskerar att hamna i domstol om de anses ha avvikit från Allmännyttans prisnivå. Hon tycker att det borde vara intressant att bygga i alla fall.

Acceptansen

Med tiden har folkhemsbegreppet och tron på staten som en allsmäktig och helbrägdagörande kraft urholkats. Allt färre räknar med att staten ska kunna leverera en fullgod pension eller ens sjukvård i framtiden. Samtidigt är skyddsnätet för dem som befinner sig längst ned i hierarkin i vissa fall bristfälligt. Den som aldrig har haft ett arbete har inte möjlighet till arbetslöshetsersättning och inom sjukvården har den vård som tidigare skulle vara allomfattande och lika för alla behäftats med operationsköer, prioritetslistor och vårdcentraler med fulla telefonköer. Att kontraktera ett vaktbolag känns ofta tryggare än att förlita sig på polisen, som bara rycker ut när de anser sig ha tid. Trots allmänhetens minskade tilltro för folk-hemstanken och statens förmåga att lösa samhälleliga problem, är förtroendet för att stat och kommun ska tillgodose medborgarna med bostäder fortsatt hög. Det verkar nästan som att förtroendet ökar i takt med att bostadsköerna växer. Synen på hyresrätten som en icke-vara är utbredd. Hyresrätten ses som en nyttighet på samma nivå som vatten och luft. Alla människor ska ha rätt att dricka och andas och om framställningen av drickbart vatten ska avgiftsbeläggas, vill man ha en garant för att det inte läggs på någon vinst. Trots köerna och den stora segregeringen mellan dem som bor i hyresrätt, är ändå tron stor på att Bruksvärdessystemet ger ett jämlikt boende till ett lågt pris. Trots att Allmännyttan i praktiken har monopol på byggande av hyresrätter och därmed för länge sen borde ha haft alla möjligheter att åtgärda problemet.

Varför i hela världen tror då svensken att politiker i allmänhet och kommunalpolitiker i synnerhet, har en unikt hög kompetens när det gäller att bygga och förvalta bostäder och varför tror man att företagen vill bygga bostäder utan att kunna tjäna pengar på det? Trots att hundratusentals personer står i kö och att 109 svenska kommuner öppet erkänner att man faktiskt upplever bostadsbrist, är förtroendet för stat och kommun i topp! Normalt sparkar man en förbundskapten vars lag förlorar match efter match. Om man tycker att stat och kommun är duktiga som entreprenörer borde man väl egentligen låta dem ta över både Electrolux, IKEA och Volvo. Eller varför inte införa Bruksvärdesprincipen på bilar? Porschen får lägre bruksvärde än Toyotan eftersom den bara har två säten och knappt något bagageutrymme.

Förklaringen till varför svensken har hög tilltro till auktoriteter står att finna någonstans utanför bostadsmarknadens hank och stör. Svensk-arna anses tillsammans med flera av sina nordiska grannar vara folk som ser staten som en god kraft, som alltid ser till medborgarnas bästa. Även om det finns brister i myndigheternas agerande, anser man ändå inte att några andra än stat och kommun gör det på ett bättre sätt. I andra länder finner man ofta en mer cynisk inställning till myndigheter och överhet.

När vi är utomlands på semester är vi kanske allt för upptagna för att lägga märke till att man i många storstäder kan åka tunnelbana och buss utan att behöva passera genom en spärr där en uttråkad immigrant sitter och försöker slå ihjäl tiden så gott det går. Skulle vi besöka folk i deras hem, skulle vi kanske märka att de använder trasa i stället för diskborste, eller att de inte har någon hall att hänga kläderna i. Vi skulle också märka att det finns länder där de statliga tågen går i tid och inte är behäftade med ett obegripligt pris- och rabattsystem. Skulle vi ta oss tid att prata med lokalbefolkningen, skulle vi kanske märka att de inte behöver stå i kö om de får lust att hyra en lägenhet eller att de inte heller köar när de blir sjuka. Ibland kommer doktorn till och med hem till dem.

För en svensk är detta ändå svårt att ta till sig. Även om vissa saker är annorlunda och att en del saker verkar fungera bättre utomlands, räknar svensken ändå med att det någonstans finns en hund begraven. Därför fortsätter vi att tycka synd om australiensare, belgare och norrmän som inte får ta del av Bruksvärdessystemets frukter, trots att desamma knappast skulle bli imponerade av den syn som skulle möta dem i Sverige. Köer och uteliggare. För oss svenskar känns det naturligt att lägenheter är prisreglerade och att administrationen sköts av kommunala bostadsförmedlingar. Inte ens när kön är flera hundratusen personer lång, misstänker vi att det finns något grundläggande fel.

Det är nu inte speciellt snällt att filosofera kring hur inåtvänd, korkad och godtrogen svensken är. När det gäller bostäder är egentligen bristen på information det största problemet, inte godtrogenheten. Den största orsaken till att svensken accepterar ett system som inte fungerar är att det är väldigt få som är medvetna om hur Bruksvärdessystemet egentligen fungerar. Om folk i allmänhet, journalister och beslutsfattare kände till att marknaden för hyresrätter inte är en marknad, utan i själva verket är en hård reglering som leder till att det inte blir lönsamt att bygga, skulle nog acceptansen för Bruksvärdessystemet minska.

Marknadsdatorer oredar och förstör

Det var en dyster och tråkig dag. Ett tungt och mörkt lågtryck hade parkerat sig mitt över hela landet och inte en enda kväll denna regniga sommar hade landets äkta män kunnat ta fram grillen och förse familj och vänner med bränd entrecote. Nej, det hade blivit till att sitta bänkad framför TVn och se på Schlager och allsång. Som om det inte vore nog med det. Nu hade det till slut hänt. Någon högt uppsatt politruk hade baxat förslaget ända in i riksdagen och till och med fått tillräckligt många ledamöter att rösta på det, trots att varje vettig människa måste inse att förslaget var helt uppåt väggarna. Redan för många år sedan då datorerna okontrollerat hade börjat strömma in i landet förstod vi att det aldrig skulle gå. De var alldeles för dyra för gemene man att handla in. Därför förbjöds importen omgående och i stället tog staten kontroll över produktionen. En så viktig sak som datorer måste skyddas från vinstintressen. Alla, fattig som rik, ska ha samma chans att få en egen dator. Här skulle inte plånbokens anarki få råda. Sedan var allt frid och fröjd ända tills någon försigkommen person åkte utomlands och kom tillbaka med rufsigt hår, fladdrande öron och kapitalism i blicken. Utomlands hade tydligen var och varannan människa både dator och Internet. Vem som helst kunde gå in i en butik och bara roffa åt sig en maskin utan att stå i kö en enda dag och billigt var det visst också. Som om vi brydde oss om vad dom pysslar med i utlandet. Det som ligger så långt borta! Nog för att vi som inte står på prioritetslistan över speciellt behövande medborgare får stå i kö i ett par år för våra datorer, men fina är dom!

Nu när det nya förslaget var klubbat skulle det alltså bli fritt fram att sälja vilka datorer som helst, när som helst och till vilket pris som helst. Marknadsdatorer. Låt dem komma då. Det gör inte oss något egentligen. De kommer ändå att vara så dyra att ingen vill köpa dem. Det ingen har tänkt på är att när de utländska privata producenterna ska lägga på sina feta vinster kommer de att bli så dyra att ingen har råd att köpa datorerna. Det är bara bra för oss. Folk kommer fortfarande att stå i kö för att få köpa våra fina allmännyttedatorer. Låt dem komma bara!

Vad är en marknadshyra?

När man i debatten talar om marknadshyror i förbindelse med hyresrätter, definieras marknadshyra som det marknadspris som uppstår när en hyresgäst och en hyresvärd fritt avtalar vilken hyra som ska gälla. Det är då underförstått att hyresvärden kan ta ut vilket pris som helst, vilket leder till att hyresgästen antingen blir utfattig eller utslängd på gatan. I verkligheten har hyresgästen självklart möjlighet att välja att bo någon annanstans. Skulle marknadshyror införas skulle utbudet inte vara begränsat. Det skulle byggas nya lägenheter där det finns plats. När vi i stället beskriver ett marknadspris som gäller läsk, kläder eller datorer, säger vi inte att försäljarna kan ta ut vilket pris som helst på vår bekostnad. Mer troligt är att vi beskriver det som ett pris som uppstår när ett stort antal producenter erbjuder en likvärdig vara. Priset upplever vi oftast som förmånligt eftersom de olika producenterna konkurrerar med varandra. Vill det sig riktigt väl kan marknadspriset till och med sjunka, såsom ibland är fallet med datorer och matvaror. Det är också det som är den korrekta definitionen av ett marknadspris, det vill säga ett pris som uppstår genom att de som producerar varan konkurrerar med varandra på en fri marknad och därför tvingas ligga på låga vinstmarginaler, vilket i sin tur gynnar konsumenterna. Det pris som i debatten populärt kallas för marknadshyror är inte på något sätt att betrakta som ett marknadspris. Det är i stället en monopol- och ockersituation eftersom man förutsätter att hyresgästen inte kan välja att flytta till en alternativ bostad som är billigare. I stället förutsätts hyresgästen vara tvungen att betala det hyresvärden begär. En äkta marknadshyra däremot, uppstår på en marknad där ett flertal hyresgäster kan välja att sluta fria avtal med ett stort antal fastighetsägare som konkurrerar med varandra. Det som komplicerar resonemanget med hyresrätter är att det inte går att bygga på alla platser, men det hindrar inte att det uppstår en dynamisk marknad för ett område som helhet.

Vem vinner på marknadsprissättning?

Om marknadsprissättning inte skulle leda till någon förbättring för konsumenten, utan till att samma lägenheter som finns nu skulle hyras ut till ett högre pris, samtidigt som lika många stod i kö, skulle det självfallet vara meningslöst att ens prata om marknadshyror. Det skulle ju bara gynna den private eller allmännyttige hyresvärden.

Marknadsprissättning skulle definitivt missgynna dem som bor i en billig hyresrätt i ett attraktivt område. De som vinner på en förändring av Bruksvärdessystemet, är dem som bor i ett mindre attraktivt område som nu har en hög bruksvärdeshyra. Den hyran kan komma att gå ner när det blir konkurrens. De som varken bor i attraktiva eller oattraktiva områden kommer sannolikt inte påverkas alls. Det de har att vinna på en förändring är att de inte längre behöver byta lägenhet med någon annan om de vill flytta. Det finns ju ingen kö. De som framförallt vinner på en friare marknad är alla de tusentals människor som nu står i bostadskö. De kan då hitta en lägenhet direkt utan att stå i kö en enda dag. Precis som Cecilia gjorde när hon åkte till Norge, upptäcker den som åker utomlands, ganska snart att man kan välja mellan olika prisnivåer och olika lägen och standard och därigenom hitta en lägenhet i lämplig prisklass utan att stå i kö en enda dag. Marknadsprissättning kommer att leda till ett ökat utbud med en differentierad prisbild där attraktiva lägenheter är dyrare än mindre attraktiva. De som nu hyr lägenheter i andra hand kommer att kunna hyra lägenheter i första hand till ett pris som är lägre än det de betalar nu, förutsatt att de nu betalar en överhyra. Förklaringen till varför marknadshyran blir lägre än andrahandshyran finns i ett annat stycke.

Hyr Allmännyttan ut lägenheter till självkostnadspris?

Det sägs ibland att de lägenheter som Allmännyttan hyr ut, har producerats till självkostnadspris. Med självkostnadspris avses ett pris där man tar betalt för de kostnader man själv har haft för att kunna producera varan utan att lägga på någon vinst. I verkligheten är Allmännyttans lägenheter inte alls självkostnadsprissatta. Det är nämligen så att Allmännyttan sällan producerar lägenheterna med egen personal. De tar genom offentlig upphandling in anbud från privata företag. Den, eller de entreprenörer som vinner upphandlingen får också uppdraget. Entreprenörerna är dock inte så snälla att de lämnar anbud där de bara tar betalt för sina egna kostnader. De lägger självklart på vinst. Allmännyttan köper alltså tjänster av en eller flera entreprenörer som har lagt på vinst i sitt pris. Därefter lägger Allmännyttan på sina egna självkostnader och vi får till slut ett pris som kan brytas ner till hyror för varje enskild lägenhet. Dessa hyror är alltså per definition inga äkta självkostnadshyror. Snarare en slags marknadshyror light. Möjligen skulle man kunna säga att Allmännyttan förvaltar sitt lägenhetsbestånd till självkostnadspris, fast om det vore helt sant skulle de inte behöva ta ut hyreshöjningar som överstiger konsumentprisindex eller lämna vinstbidrag till kommunens kassa så som de ibland faktiskt gör.

Hyr Allmännyttan ut lägenheter till marknadspris?

Som vi såg i förra stycket kan vi, om vi överdriver lite grand, säga att Allmännyttans hyror är en form av marknadshyror. Det är dock inte riktig sant. Om Allmännyttan hade hyrt ut bilar på samma sätt som de hyr ut lägenheter, skulle priset sannolikt varken ha varit högre eller lägre än hos andra uthyrare eftersom både Allmännyttan och övriga uthyrare utsattes för konkurrens och hade viss vinst inbakad i uthyrningspriset. Det hade alltså varit frågan om ett typiskt marknadspris. Med lägenheter är det annorlunda. Trots att de är producerade till ett slags marknadspris, där viss vinst är inbakad, skulle det i praktiken gå att lägga på ytterligare vinst eftersom det på grund av Bruksvärdessystemet alltid står tusentals personer i kö för att hyra de lägenheter som produceras. Allmännyttan lägger dock inte på något extra. Därför är Allmännyttans hyror varken självkostnadshyror eller marknadshyror. De hyr ut lägenheter till ett reglerat pris, men en del av produktionskostnaden härrör sig från vinstdrivande företag.

Vad kan en marknadshyra hamna på?

Det är väldigt svårt att på förhand beräkna på vilken nivå en marknadshyra kan tänkas hamna. Det rör sig om uppskattningar och är beroende av faktorer som folks preferenser och inkomster, hur mycket som byggs och prisutvecklingen på andra boendeformer med mera.

Det "marknadspris" som Allmännyttan kallar självkostnadspris när de bygger en ny lägenhet är dock ett mycket intressant pris. Det indikerar på ett ungefär vilken nivå en äkta marknadshyra för en nybyggd lägenhet skulle kunna hamna på. Även om Allmännyttan inte utsätts för någon reell konkurrens, är det ändå ett pris som har kommit till genom att ett flertal vinstdrivande företag i konkurrens med varandra har lämnat anbud till Allmännyttan i en offentlig upphandling. Anbuden innehåller inte bara en självkostnad utan också vinst. På en fri marknad där företagen inte behöver oroa sig för att hamna i domstol om någon är missnöjd med hyresnivån, skulle de alltså kunna producera och hyra ut lägenheter till ungefär samma priser som Allmännyttan gör idag och ändå gå med vinst. Det finns dock en hake. Allmännyttepriset kommer bara att gälla som marknadspris i sådana områden där ytan inte är begränsad. Bara där är det möjligt att tillhandahålla så många lägenheter som efterfrågas, samtidigt som företagen konkurrerar med varandra om de hyresgäster som vill bo där. I stadsdelar där ytan är begränsad kommer lägenheterna inte till att sammanfalla med Allmännyttans marknadspris. Där kommer priserna att bli högre. De kommer dock inte att komma i närheten av Zahirs 15 000 kr, ni vet han på KTH, eftersom en normal bostadsrättstvåa i Stockholms innerstad inte går på mer än 7000 kr om både lånekostnad och avgift räknas in (2005). Det måste nog till en invandringsvåg bestående av oljeshejker för att komma upp i de nivåerna, men schejkerna skulle knappast nöja sig med vanliga allmännyttelägenheter. När man gör sådana antaganden glömmer man också att räkna med att det tillkommer nya bostäder eftersom det nu blir lönsamt att bygga. Man tänker heller inte på att folk helt enkelt inte har nog med pengar till att betala hyreshöjningar på flera hundra procent. Månadskostnaden för en bostadsrätt motsvarar förmodligen en mer sannolik marknadshyra.

Bostadsrättskostnaderna speglar hur konsumenterna värderar lägenheter i olika områden. På en fri marknad i ett oattraktivt område skulle det snarare bli aktuellt med hyressänkningar för att undgå rivningar. Speciellt påtagligt blir det om en friare marknad leder till att det byggs bostäder där folk verkligen vill bo.

	Ink. pris	Borätt kostn	Bruksvärdes -hyra	2:ahand shyra	Markn- hyra
Innerstad	2,0 Mkr	7500	4500	10 000	Under 10 000
Närförort	1,2 Mkr	5500	4500	7000	Under 7000
Förort	0,6 Mkr	4000	4500	5000	3000- 5000

Väldigt ungefärliga kostnader för 2rok i Stockholm gäller år 2005.

Varför kan inte en fastighetsägare ta ut vilket pris som helst?

Det kan den inte göra av den enkla anledningen att det inte finns tillräckligt många hyresgäster som är beredda, eller ens har någon praktisk möjlighet, att betala "vad som helst". Det finns heller inte någon försäljare av datorer som kan ta "vilket pris som helst". Om hyresgästerna upplever priset som för högt, flyttar de till en bostadsrätt eller till en annan fastighetsägare som också den har fått samma lysande idé om att tjäna pengar på att bygga lägenheter, men håller ett lägre pris och på så sätt kan omsätta sin idé i praktiken.

Varför blir marknadshyran lägre än andrahandshyran?

Den andrahandshyra som anges i tabellen ovan är av naturliga skäl en uppskattning, men en teoretisk marknadshyra kommer som regel ligga under dagens andrahandshyra[xxvi], förutsatt att andrahandshyran markant överstiger bruksvärdeshyran. Hur hänger det ihop? Ordet marknadshyra låter ju dyrare än andrahandshyra och en person som har försökt beräkna marknadshyror har ju kommit fram till att marknadshyran blir nästan dubbelt så hög som både bostadsrättskostnaden och andrahandshyran. För att förstå varför marknadshyran kommer att understiga andrahandshyran måste man beakta hur många objekt det finns ute på marknaden.

	Antal-lght förstahand	Antal-lght andrahand	Medelpris
Reglering	400 000	50 000	5600 kr
Fri marknad	450 000 + nybyggnation	0	?
Bostadsrätt	-	-	7000 kr

Om vi *antar* att det finns 450 000 lägenheter och att en reglerad lägenhet kostar 5000 kr och en andrahandslägenhet kostar 10 000 kr, får vi ett medelpris på 5600 kr. Om marknadshyran ska kunna komma upp i en nivå som ligger över andrahandshyran på 10 000kr, måste de 400 000 personer som just nu betalar 5000 kr vara beredda att fördubbla sin hyreskostnad. Det vill de knappast göra. Det vore mer logiskt att anta att en hel del av dem skulle satsa på att köpa bostadsrätt i stället, eftersom det bara kostar 7000. Och om inte de nuvarande hyresgästerna vill betala, vilka ska då göra det? Inte ens svenska bostadsköer är i praktiken så långa. Det är alltså orimligt att anta att marknadshyran skulle kunna komma upp i samma nivå som de högsta andrahandshyrorna i ett reglerat system. De reglerade andrahandshyrorna är ett resultat av att ett stort antal personer som står i kö, konkurrerar om ett litet antal andrahandslägenheter. På en fri marknad är antalet lägenheter betydligt större. Dessutom elimineras hinder för nybyggnation.

Varför försvinner köerna om lägenheterna marknadsprissätts?

För oss som har levt i ett planekonomiskt system under så lång tid, är det svårt att acceptera att det verkligen kan vara möjligt att uppnå en situation där det inte finns kö till lägenheter. Det måste väl ändå vara frågan om ren fantasi? Vi skulle då kunna jämföra med kontor, lagerlokaler och industrilokaler. De hyrs oftast ut på marknadsmässig basis och det finns sällan någon brist. Snarare tvärtom. Det finns dagligen annonser om lediga kontor som kan hyras omgående. Har det av en tillfällighet byggts för många kontor, samtidigt som det har byggts för få bostäder? Nej, det är ingen tillfällighet att man hellre bygger kontor än bostäder. Även om vissa kontor tidvis står outhyrda går det att tjäna pengar på de kontor som hyrs ut. Därför fortsätter man att bygga kontor där marknaden efterfrågar kontor. Det marknaden efterfrågar mest är bostäder, men det går inte att tjäna pengar på sådana. Skulle det vara möjligt att tjäna pengar på att bygga hyresrätter skulle det byggas tills marknaden var mättad. Det är också därför det är möjligt att när som helst stega in hos Shurgard och hyra ett förråd. Det är frågan om långa hyresförhållanden där hyran är marknadsprissatt.

Om vi jämför med attraktiva innerstadslägenheter kan vi inte säga att köerna försvinner på grund av att det produceras så mycket att efterfrågan tillfredsställs. I den typen av område försvinner kön på grund av att priset höjs och då blir det upp till var och en att bestämma om det är bättre att bo dyrt i populära områden eller att bo billigt i mindre populära områden. I verkligheten ställs en befintlig hyresgäst inte inför det dilemmat eftersom ett införande av marknadshyror i någon form, sannolikt bara skulle gälla nya lägenheter och nya kontrakt.

Lösningar på problemen

Det presenteras emellanåt en del minst sagt kreativa åtgärder från skilda håll i syfte att lösa problemen med de svenska bostadsköerna. Det är allt från bostadstorn till förbud mot byten, obligatorisk kommunal bostadsförmedling, bostadsregister, subventioner för att minska byggkostnaden eller till och med bostadslotterier. Förslagen har sällan någonting med det verkliga problemet att göra, det vill säga att det inte är lönsamt att bygga.

Det viktigaste av allt är dock att inse att det inte finns någonting som tyder på att det från politiskt håll existerar några som helst planer på att bygga bort bostadsköerna, trots att det är politikerna själva som har skapat dem genom en hundraprocentig hyresreglering. Problemen tenderar i stället att bli större för varje år som går. Det har inte blivit några billiga ettor och tvåor för ungdomar. Det kommer inte till att byggas speciellt många bostäder som lämpar sig för hemlösa och det kommer inte till att byggas några nya stadsdelar där hyresrätten är den dominerande boendeformen. Även om det hade funnits ett genuint intresse från stat och kommuns sida, hade de knappast heller kunnat tillfredsställa de förväntningar som finns på att det ska byggas lägenheter som håller samma låga hyror som hyresrätter i gamla hus gör. Hyresreglering kan vara bra om man vill gynna en speciell grupp, till exempel studerande, men hundraprocentig hyresreglering är någonting som praktiserades i Sovjetunionen. Skillnaden är att myndigheterna i öststaterna oftast hade för avsikt att verkligen bygga bostäder åt folket.

Att direkt ersätta bruksvärdessystemet med marknadshyror är som sagt var inte ett realistiskt alternativ. Däremot måste marknadshyror få tillåtelse att existera parallellt med Bruksvärdessystemet. Allmännyttans hyror sägs vara satta enligt ett slags självkostnadsprincip, men det finns inget naturligt tryck på Allmännyttan att rationalisera sin organisation eftersom de får så god täckning för sina kostnadsökningar i förhandlingarna med Hyresgästföreningen. Det är också en bidragande orsak till att det fåtal byggprojekt som sätts i verket ofta ger hyror som ligger en bit över 6000 kr för en tvårumslägenhet. Det är ett pris som internationellt sett inte är speciellt lågt. Sanningen är att Allmännyttan varken är bäst eller mest kostnadseffektiv, speciellt inte med tanke på att de konsekvent vägrar att bygga bort köerna. Det skulle vara intressant att se riktig konkurrens mellan Allmännyttan och privata företag som inte löpte risken att hamna i domstol. Det borde vara helt riskfritt för Allmännyttan låta sig utsättas för konkurrens eftersom det i traditionell svensk retorik heter att marknadshyror är så höga att knappt någon har råd att bo i sådana lägenheter. Det skulle i så fall leda till att Allmännyttans goodwill ökade än mer, eller är Allmännyttan rädd för att det skulle uppstå en diversifierad marknad med lägenheter som var både dyrare och billigare än de som Allmännyttan producerar och att Allmännyttans monopolliknande ställning därför skulle brytas? Kanske är det helt enkelt så att vi i våra stilla sinnen inte kan tro på att det kan finnas något företag som kan bygga billigare och bättre lägenheter än Allmännyttan, trots att det är ganska enkelt att acceptera att Ingvar Kamprad kan få fram billigare, bättre och fler möbler till oss som konsumenter än stat och kommun skulle kunna?

Nedan följer ett antal förslag som avsevärt skulle förbättra situationen för alla de svenskar som dagligen sliter med köstående, andrahandscirkus, bytesproblematik och svarthandel.

Marknadsprissättning för nybyggen

Ett alternativ är att införa marknadsprissättning för nybyggda lägenheter. För de nybyggda lägenheterna finns det då inget tak eller golv för vad hyran ska vara. Det är upp till hyresvärden och hyresgästen att bestämma. De som nu bor i lägenheter som omfattas av Bruksvärdessystemet får bo kvar i dem på livstid. Därefter övergår lägenheten i det nya systemet.

Marknadsprissättning med övergångsregler

Det här alternativet går ut på att alla nybyggda lägenheter får marknadsprissättning samtidigt som alla andra lägenheter under en övergångsperiod på 10-20 år anpassas till marknadsprissättning. Syftet är att marknaden ska få ett antal år på sig till anpassning. Då de nya förutsättningarna är kända hinner det byggas ganska mycket på 10 år i de områden där efterfrågan finns. I områden där efterfrågan efter förändringen minskar, till exempel i betongförorter, hinner bostadsbolagen omvandla eller riva hus.

Delad marknad

Ett annat alternativ vore att låta Allmännyttan fortsätta producera sina lägenheter till självkostnadspris i all evighet samtidigt som man låter byggföretagen producera och förvalta sina lägenheter till marknadspris. Då kunde folk medan de stod i kö hos Allmännyttan, fundera på om de hellre skulle vilja ha en privatproducerad lägenhet i samma område. Det vore intressant att se om de lägenheterna skulle bli billigare eller dyrare än Allmännyttans. Förmodligen skulle det förekomma både billigare och dyrare alternativ beroende på läget. Det här alternativet är väldigt enkelt att genomföra. Det enda som krävs är att privata värdar som nu är tvungna att följa Allmännyttans prisnivåer, i stället får sätta hyrorna fritt. Här krävs naturligtvis också övergångsregler för redan existerande lägenheter.

Skydd för behövande

Ytterligare ett alternativ som också kan kombineras med något av de andra är att tillämpa en modell som är vanlig utomlands. Bland annat gör man så i Bryssel. Där får dem som anses tillhöra resurssvaga grupper möjlighet att hyra prisreglerade lägenheter, medan övriga är hänvisade till marknadsprissatta lägenheter. På så sätt kan det fortfarande bli möjligt att "kvotera" in resurssvaga personer i områden som annars skulle vara för dyra för dem. Det är egentligen detta som det nuvarande systemet ofta i praktiken förhindrar. Visst finns det kommunala bolag som tillämpar förtur för vissa, men det vanliga för ett kommunalt bolag är ändå att kräva viss inkomst och avsaknad av betalningsanmärkning. Den här modellen skulle vara en möjlighet för stat och kommun att åtminstone på papperet ha en plan för att få bukt med hemlösas och mindre bemedlade personers problem.

Fyra påståenden igen

Så var det dags för de fyra påståendena från inledningen av boken. Kan man så här i slutet av en lång redogörelse med säkerhet avfärda dem som överdrifter eller missuppfattningar? I vars och ens medvetande finns olika meningar om det, men det finns ändå en del saker man kan vara ganska säker på, till exempel att köer, omfattande andrahandsuthyrning, svarthandel och beroendet av kontakter upphör om man avskaffar eller förändrar Bruksvärdessystemet. Även om marknadshyror inte införs till 100 % kan det vara intressant att kommentera de vanliga uppfattningar som finns om marknadshyror.

"Det kommer inte att bli fler lägenheter bara för att man inför marknadspris."
Det är lika säkert som amen i kyrkan att det kommer att bli fler lägenheter om företagen får tjäna pengar på att producera. Den företagare som inte tog chansen att bygga lägenheter åt folk som står med pengarna i handen och vill betala, vore en ganska dålig företagare. Det enda hinder som skulle kunna motsäga den tesen är byråkrati. Byråkrati är dock sällan ett allomfattande hinder och varierar också med tiden. Förr eller senare kommer byggandet att öka betydligt. Det är ju inga problem med att bygga bostadsrätter, villor, industrifastigheter och kontor, trots att dessa är marknadsprissatta.

"Det kommer att bli dyrare för alla."

Påståendet stämmer alldeles utmärkt, förutsatt att det förra påståendet också är sant. Om det inte skulle byggas fler lägenheter samtidigt som man inför marknadshyror, skulle det naturligtvis bli dyrare för alla, men ett sådant scenario är helt osannolikt. Mer sannolikt är att det byggs en hel del och att det blir dyrare än nu i attraktiva områden och billigare än nu i mindre attraktiva områden.

"Innerstan kommer att bli ett reservat för rika. Alla populära bostadsområden blir stängda för låginkomsttagare."

Det är sant. Populära områden kommer att få högre hyror. Problemet är att de populära områdena redan nu till största delen är befolkade av just rika människor. Låginkomsttagare har svårt att ta sig in i dem eftersom omsättningen av lägenheter via kösystemet är minimal. Kötiden ligger på mellan 10 och 40 år. Det gäller i stället att odla sina kontakter. Det har höginkomsttagare lättare för att göra och får på så vis också en rejäl hyresrabatt. Hyresregleringen syftar i praktiken till att bevara en liten grupps privilegier på bekostnad av dem som står i kö och dem som bor i mindre attraktiva områden. Om man vill se låginkomsttagare och invandrare i populära områden måste man kvotera in dem. Det kan låta sig göras vare sig det är marknadspris eller reglerat pris som dominerar.

"Folk blir utslängda på gatan."

Påståendet syftar inte bara på innerstadslägenheter, utan på alla lägenheter. Man menar att det kommer att bli så dyrt att ingen vanlig människa har råd att bo kvar. Frågan är då vilka som ska bo i flera miljoner tomma lägenheter. Oljeshejker som vill hyra hellre än äga? Marknadshyror kommer inte till att leda till dramatiska prisförändringar annat än i väldigt populära områden, men även där finns det liten anledning att flytta. Marknadshyror i någon form, kommer inte att införas över en natt. Det kommer att finnas övergångsregler under ett stort antal år. Besittningsskyddet kommer också att finnas kvar, även om det teoretiskt sett är möjligt för en hyresvärd att bli av med en hyresgäst genom att höja hyran. Även på fria hyresmarknader brukar det dock finnas klausuler mot plötsliga höjningar, men på längre sikt är det naturligtvis en möjlighet.

En undran igen

Hur var det nu? Är det nödvändigt att reglera priset på hyresrätter bara för att låginkomsttagare och personer utan någon inkomst ska få chans till ett vettigt boende? Svaret måste bli nej. För deras del hade det varit bättre att inte ha någon reglering överhuvudtaget, eftersom de då hade kunnat bo i oattraktiva områden. Som det är nu släpps de oftast inte in någonstans. I stället har regleringens målgrupp blivit mer välbeställda människor som kan betala för sig. Regleringen är en kvarleva från en tid då man ville bygga bra bostäder på kort tid åt folk som inte alltid hade tillräckligt med pengar. Numera har folk som arbetar pengar nog att ordna sin egen bostad. De skulle egentligen inte behöva stå i kö en enda dag. Idag skulle en hyresreglering vara lämplig om man ville reservera bostäder för folk som saknar inkomst eller på något sätt är utslagna eller utestängda från Allmännyttan på grund av deras tuffa regler. De hade varit i behov av statens hjälp. Inte normal- och höginkomsttagare. Som sagt var har många av dem som står i bostadskön höga inkomster. De står i kö för att byta upp sig till en prisreglerad lägenhet i innerstan. Ridå.

P-M Johansson-Sutare

SVENSK BOSTADSBRIST FÖR DUMMIES

Romanversionen

Andra upplagan

Johan hade rest sig från sätet redan innan tunnelbanevagnen började sakta in. Det väsande och gnisslande bromsljudet följdes av den obligatoriska rekyl som uppstår när vagnen stannar. Flertalet av de stående resenärerna ryckte till och kastades bakåt en bit innan dörrarna öppnades. Johan hade hunnit läsa stationens hänvisningsskyltar medan vagnen saktade ner och visste därför att han skulle svänga till höger då dörrarna slogs upp. Han trängde sig förbi den väntande folkhopen på perrongen och ökade på stegfrekvensen för att kunna falla in de övriga fotgängarnas gå-springtempo. I rulltrappan höll han först till vänster tills han hade passerat en handfull stillastående personer som stod till höger, uppradade efter varandra. Därefter föll han själv in till höger och fortsatte att gå uppåt. När han kom ifatt nästa led av stillastående, gick han återigen ut till vänster och gjorde en snabb omkörning. Johan skulle ha varit på lägenhetsvisning för fem minuter sedan och hade redan ombord på tåget ringt på mobilen och varslat, eftersom han insett att en försening skulle vara omöjlig att undvika. På gatan utanför stationen ökade han på steglängden ytterligare och var snart framme i rätt trappuppgång och slog in koden.

*

Line gick sakta genom Rålambshovsparken. Så här på sensommaren låg skräppaketen utplacerade som små öar och skär ute på den öppna gräsytan. De hade lämnats kvar av alla dem som använde parken som matbord. Ett par dagar i veckan kom kommunen och städade upp för att råttorna inte skulle få kalasa ostört, men ändå. Som det såg ut. Så hade det aldrig varit i Genève eller ens i Marseille. Det var väl den korta svenska sommaren som inbjöd till engångsgrillning och picknick. Alla skulle ut på samma gång verkade det som. Line hade gott om tid. De skulle inte träffas förrän om en dryg timme. Hon gick vidare ner till strandkanten och bort mot Fredhällshållet. Vid strandkaféet stannade hon till och satte sig ner. Medan hon väntade på att servitrisen skulle komma och ta upp beställningen, tände hon en cigarett och förde därefter upp solglasögonen i pannan. Hon var en typisk feströkare, men kunde ta något enstaka bloss när andan föll på. Hon hade varit borta från Sverige i mer än sju år och den största anledningen till att hon kom tillbaka var egentligen att hennes franske pojkvän hade gjort slut. Det var lika så bra det. Han var väl inte Mr Right direkt. Så här mitt i livet kändes det som ett helt okej break att komma tillbaka till Sverige. Jobben hon hade haft under sin tid utomlands hade det inte varit några större fel på. Tvärtom. En annan arbetskultur, så klart. Resultatinriktad samtidigt som det sociala spelet alltid var en självklarhet. I Sverige var det, den lutherska kulturen till trots, helt oviktigt vad man presterade. Det gällde bara att hålla god min. Okej, lite cyniskt kanske, men att komma tillbaka till Sverige och att flytta till Stockholm hade ändå känts som att komma till något småskaligt och mindre utvecklat. Allt som oftast kunde man läsa i tidningarnas nöjesbilagor om olika stadsdelar som liknades vid diverse världsmetropoler. Stockholms motsvarighet till Paris. Stockholms New York. Det kunde vid närmare efterforskning visa sig vara fråga om en gatstump på Söder som helt plötsligt skulle påminna om Place Pigalle. Eller Kniv-Söder. Det var en annan variant som trots allt kändes mer relevant. Det förekom inte speciellt mycket mer våld på Söder än någon annanstans, speciellt inte med tanke på att det numera var de välbesuttnas stadsdel, men det var åtminstone ett begrepp som var originellt och stod för sig själv. Line, som kom från Halmstad, och före tiden utomlands knappt hade satt sin fot i huvudstaden. Nu var hon här. En blaserad utlandssvensk som kunde anmärka på allt som inte fungerade som hon var van. Hela den svenska modellen skulle dissekeras. Svenskarna var oftast bra att ha att göra med men det hon ibland kunde uppleva som något enerverande var deras inbundenhet. Myten var sann. De ville absolut inte prata med någon som de inte redan kände och det gick sällan att dra ur dem vad de egentligen tyckte bakom fasaden. Det var som om de var tvungna att läsa DN:s ledarsida innan de vågade uttalade sig. För att vara säkra på att de inte hasplade ur sig någon förbjuden åsikt. Denna ängslan för att avvika från normen.

Det kom aldrig någon servitris. Line hade glömt att de svenska kaféerna sällan använde sig av servitriser. Hon gick fram till kön vid disken och köpte en Latte när det blev hennes tur. De skulle träffas hos Cissi klockan sju. De hade inte setts på hur länge som helst. Johan, Micke, Cissi och hon. De hade pluggat ihop och nu skulle de samlas hemma hos Cissi på Hantverkargatan. Line visste inte om hon fortfarande skulle känna sig småtänd på Micke. Det hade aldrig varit något mellan dem, eller mellan någon av de andra heller, vad hon visste. Johan var alldeles för snäll, men med Micke var det annorlunda. Han hade självförtroende och signalerade löften om spänning och action mitt i sin inrutade vardag.

*

Cissi låste upp ytterdörren och gick direkt in i kokvrån. Hon lade ner nycklarna på det minimala köksbordet och öppnade kylskåpet för att stuva in varorna hon hade köpt. Senare på kvällen skulle de komma. Micke och Johan hade hon träffat då och då när hon hade varit ute i svängen. Varje gång hade de bestämt att de absolut måste ses nån gång, men det var inte förrän Line hade flyttat till stan som det hade blivit allvar av planerna. Cissi var den i gänget som var den praktiska och hemvävda. För henne var det naturligt att bjuda hem folk och ordna fest. Var man ursprungligen från landet kändes det naturligt och tryggt att ha fester hemma, i stället för att träffas ute någonstans där man på grund av ljudvolymen ändå var tvungen att sitta och skrika i varandras öron för att få någonting sagt. Det var alltid spännande att träffa Micke. Han stack ut. Gav kanske intryck av att vara en vanlig Svensson på ytan, men levde ganska farligt emellanåt. Lite kaxig också. Johan var snyggare, fast var ändå mer som en kompis. Schysst, och lite grubblande. Cissi bodde i hyresrätt. Hon hade varken stått i kö eller fixat och trixat. I alla fall inte på egen hand. När Cissis föräldrar sålde villan i Täby för att flytta tillbaka till Småland hade mäklaren ordnat så att köparen lämnade två ettor i byte. En till henne och en till hennes syster. Ettan kändes ibland som en hundkoja. 26m^2 kunde göra en normal människa kolerisk. Vid fyllda 30 och mer därtill borde man väl tänka på att ordna något större, fast det var inte så lätt. För att kunna byta lägenheten skulle hon bli tvungen att betala pengar emellan. Alternativet var att byta mot en liten tvåa utanför Kungsholmen eller kanske till och med utanför innerstan, fast det var det inte värt. Hon ville bo där hon bodde nu. Det var nära till tunnelbanan och gångavstånd till kaféer och uteställen. Man får väl hoppas på att gifta sig rikt, tänkte Cecilia och tog fram olivolja, parmesan och soltorkade tomater. Vinet stod redan på luftning.

*

Micke var kanske den av de fyra, förutom Line, som hade lyckats bäst. Efter studietiden i Lund hade han börjat jobba på Ericsson i Stockholm och hade sedan tillsammans med några kollegor startat en firma som hade sysslat med flexibla mjukvarulösningar för medelstora företag. När IT-bubblan sprack var det inte läge att gå tillbaka till Ericsson. I stället ordnade han jobb på en konsultfirma genom en kompis. Redan när Micke kom till Stockholm ställde han sig i bostadskön som på den tiden bara var cirka 40 000 personer lång. Efter bara några månader i stan tröttnade han på sin andrahandshyresvärd och köpte en bostadsrätt i Midsommarkransen, bara tre tunnelbanehållplatser från Söder. Priserna var fortfarande ganska humana. Efter ytterligare tre år, då priserna hade börjat stiga ordentligt i närförorterna, sålde han och köpte sin tvåa på Söder. Han räknade med att den hade stigit med 40 % bara sedan han hade köpt den och med fallande räntor kunde han räkna med ytterligare prisstegringar framöver. Trots lågkonjunkturen var trycket på bostadsmarknaden hårt. Det byggdes nästan bara villor och bostadsrätter. För att inte tala om kontor. Det fanns väl kontor så det räckte. Ikväll skulle han träffa ett par gamla pluggarkompisar från tiden i Lund. Kul. Sedan skulle han direkt hem och sova. Det hade varit ännu en tuff vecka med allt för lite sömn.

*

Line kom först. Micke och Johan var försenade. Stockholmsförsenade. De hade nyss ringt på mobilerna. Tunnelbanan kunde ha stannat eller kanske någon bilkö eller bara vanlig Stockholmsförsening.
- Vad fin du är, sa Line när de kramades.
- 80-talspermanent, ursäktade sig Cissi. Det är så risigt!

Line började hjälpa till med dukningen. Lägenheten var liten, men smakfullt inredd. Sängskåpet var en otidsenlig men praktisk lösning. Ekbord och höga vita plyschstolar matchade det nyinlagda parkettgolvet. Soffan var grå och de låga hyllorna gick i körsbär. 2000-talstappning för compact living. Shannon sprang runt omkring henne och försökte stryka sig mot benen. Shannon var en svart-vit bondkatt som Cissi hade haft ett tag.
- Hur gammal är Shannon egentligen? Du har ju haft henne hur länge som helst.
- Hon är bara sju. Du tänker på Clever. Jag hade henne i Lund, men hon blev överkörd.
- Kostar Allmännyttan på ekparkett nu för tiden, undrade Lina samtidigt som hon tog ett par försiktiga steg och förde skons sula fram och tillbaka över den lackerade ytan. Då insåg hon också att hon fortfarande hade skorna på sig. Så gjorde man utomlands. I Sverige lämnade man dem alltid i hallen och gick i strumplästen. Line knäppte upp remmarna, fick av sandalerna och sköt dem diskret åt sidan.
- Nej då. Mäklaren fixade det när vi bytte. Han fick ett bra pris och det ingick i bytet, förklarade Cissi. Dessutom är det ingen allmännyttelägenhet.
- Vad bytte du för något, undrade Line.
- Ingenting. Det var de som köpte mammas och pappas hus som lämnade lägenheten i byte.
- En svartaffär alltså....
- Nej då. Det är helt lagligt. Man får lämna en hyresrätt i inbyte och tur är väl det annars skulle det vara helt omöjligt att få tag på något vettigt.
- Fast det är väl bara lagligt om dina föräldrar fick lika mycket betalt för huset som de skulle ha fått om de inte hade fått lägenheten i inbyte.

- Ja, men Gud vilken cynisk jurist du är. Det kan väl hända att det blev lite billigare, men det är ju så man gör i en storstad annars går det ju inte att få tag på någonstans att bo.
- Där jag har bott byter man inte. Man bara flyttar in utan att stå i kö. - Ja, men du har kanske inte bott i så populära städer som Stockholm. Här vill alla bo i innerstan. Det är nog lite skillnad.
- Bryssel, Genève och Marseille. Till och med i Paris var det bara att flytta in.
- Låter konstigt, sa Cissi och såg lätt irriterad ut. Kan du sätta på Kent-CDn? Den nya!

Johan ringde på Cissis mobil. Både han och Micke var på väg.
- Vi är utanför nu.
- Det är bara att komma upp. Det är öppet.

- Hur är det på lägenhetsfronten, Johan. Det var Micke som frågade.
- Är hon fortfarande sur, hon som ville kräva dig på pengar för omtapetsering av hallen?
- Har du förstört en lägenhet, Johan, undrade Line. Det kunde man inte tro om dig.
- Jag skulle bo där i nästan ett år så jag tog mig friheten att sätta upp ett litet nyckelskåp. Det var två små skruvar som nästan inte syntes. Hennes pappa hade ägnat två veckor åt att bara spackla hallen, sa hon. Nu blev allt förstört tack vare mig, förklarade Johan.
- Fick hon några pengar då? Du gav väl henne ett par tusen bara för att vara snäll mot henne.
- Nä, inte ett öre. Jag fotograferade hålen för säkerhets skull. De fastnade inte ens på plåten.
- Var hon söt då?
- Nä. Jag såg henne. Det var en mager och sunkig sorts blondin, sa Micke och gav den ljusa 50-kilos Line en blick. Hon grimaserade och försökte fabricera ett par lovehandles på sin mage som var bar nedanför toppen. Trots att hon satt ihopsjunken gick det inte att pressa fram speciellt mycket överflödsfett. Välproportionerlig och långt ifrån anorektisk, tyckte hon själv.

Cissi tog fram salladen och skickade runt rödvinet. Tofun och det cajunmarinerade köttet låg fortfarande i pannan. Det var verkligen roligt att de hade kunnat ses igen. Det var inte helt logiskt att de hade börjat umgås egentligen. Line, den cyniska affärsjuristen som aldrig skulle kunna acceptera att anpassa sig till ett vanligt folkhemsliv. Johan och Micke som hade gått på tekniska högskolan, men bott på samma korridor som hon själv innan hon hade flyttat till sin etta vid Fäladen.

Cissi hade varit aktiv i kåren. Det blev både spex och karnevalsarbete. Som statsvetare umgicks man normalt inte med teknologer. De var ett släkte för sig. Gick omkring i svarta T-shirts och jeans, läste Teknikens värld, kunde allt om datorer och fick aldrig tag på några tjejer. Efter helgen när de hade varit hemma, hade mamma skickat med en kylväska full av potatisgratäng och köttbullar. Inte mycket till kulturintresse där, fast å andra sidan var det väl inte något vidare beställt med teknikintresset bland kulturpersonligheter heller, så jämförelsen var något orättvis. Det hade i alla fall blivit så att de hade börjat umgås. Johan var inte urtypen för en teknolog och Micke var ganska speciell egentligen. Fartfylld och självsäker liksom.

- Jag har just fått tag i en etta här på Kungsholmen faktiskt, sa Johan. Det är en kille som ska till Thailand ett halvår. Den är mysig. Helt klart godkänd, fast jag kan inte ta med några möbler.
- Var har du dina möbler då, undrade Cissi.
- På Shurgard. Det funkar bra att åka dit emellanåt och hämta sådant jag behöver.
- Har du kollat att han har tillstånd från hyresvärden då? Jag vet dom som har blivit utkastade bara för att den som hyrde ut inte hade tillstånd.
- Det är inga problem. Det är en bostadsrätt.
- Desto värre. Jag vet en som fick gå till Hyresnämnden innan han fick hyra ut lägenheten, sa Micke. I bostadsrättsföreningar är demokrati ett något flytande begrepp. Det är styrelsen som bestämmer. Tror dom i alla fall.
- Han har kollat. Det är grönt.
- Hur mycket får du betala då, undrade Line.
- 8000. Det är ett okej pris ändå. Det ligger bra till.
- Oj. Så dyrt är det inte utomlands.
- Man får vara nöjd ändå. Hade vi haft marknadshyror hade jag inte haft råd att bo någonstans. Allt är relativt.
- Men hur hänger det ihop egentligen? Jag har bott i storstäder med marknadshyror de senaste sju åren utan att ha fått betala så mycket som du och ändå har jag haft stora lägenheter och har kunnat möblera som jag velat.
- Tog dom inte ut något extra för andrahandshyran då?
- Det finns inga andrahandskontrakt. Det var förstahands.
- Hur kunde du få tag i det, var det arbetsgivaren som fixade?
- Nej, jag sökte på Internet. Det gick på ett par dar.
- Då fick du betala svart!
- Nej det finns ingen svarthandel.

- Men, Line. Om man ska bo i en storstad måste man räkna med att stå i kö eller betala svart. Så är det ju, försökte Cissi förklara.

- Det finns inga köer utomlands. Det är bara att flytta in. Kvickt och lätt. Du ringer på en annons och åker och tittar. Sedan flyttar du in. De blir jätteglada för att man tycker att just deras lägenhet är den bästa.

- Fast då har du bara bott i förorter, eller?

- Nej, jag har bott centralt.

- Men det är faktiskt inte så kul för dem som inte är affärsjurister och inte tjänar så bra som du. De får ingenstans att bo.

- Var bor dom någonstans då? I skogen? Det fanns olika priser och standard. Till och med immigranterna kunde bo på bättre adresser. De behövde inte bo i något Rinkeby om de inte ville.

- Det måste ändå vara ett väldigt osäkert boende. Jag tror att det svenska systemet är det bästa i alla fall. Det är ju bra att kunna stå i kö och så vet man att man till slut får någonting. Utomlands kan man bli ruinerad, sa Johan.

- Precis som du i dina 25 kvadrat då. Hur länge har du stått i den vanliga bostadskön förresten?

- Sju år.

- Och så betalar du köavgift till bostadsförmedlingen?

- Jo, men det är ju bara 400 kronor om året.

- Och vad kostar all din magasinering och dina flyttbilar varje gång det är dags? Det är vad jag kallar rån. Betala tusentals kronor för att få rätt att stå i kö och sedan hög andrahandshyra medan du väntar. Det är ju sjukt att folk betalar mer för sina förortslägenheter än vad Cissi betalar här. 3100 är ju i princip gratis. Varför får du inte stå i kö till förråd hos Shurgard då? Det är väl samma sak. Uthyrning som uthyrning och det är marknadshyror du betalar för ditt förråd.

- Jo, men det är ju inte riktigt samma sak.

Det var kul med Line, tyckte Cissi, fast ibland var hon lite jobbig. Det var lätt för henne som var affärsjurist och hade gott om pengar. För vanliga svenskar kändes det tryggt att kunna stå i kö och veta att man inte behövde betala marknadspris. Cissi hade gjort bärpaj med physalis till dessert. Kvällen började lida mot sitt slut och det var ingen som kände för att gå ut. De jobbade ganska länge i veckorna allihop och nu när det var fredag tog det hårda schemat ut sin rätt. Det är svårt att begripa hur folk som har barn får det att gå ihop. Jobba från åtta till sex och ändå hinna med att ta sig till och från jobbet och helst hinna hämta och lämna på dagis. Dessutom skulle radhusträdgården skötas. Cissi tyckte det var nog med en liten etta och bara sig själv och katten att ta hand om. Fast hon kunde erkänna att den biologiska klockan gjorde sig påmind. Speciellt om hon tog en söndagspromenad längs Mälarstränderna, eller i vilken park som helst egentligen. Stan verkade vara full av barnvagnar och ammande mammor. Var kom dom ifrån allihop?

- Jag drar. Vill någon ha sällskap till tunnelbanan? Det var Johan som undrade.
- Jag tar det lugnt, sa Line och såg lite grand åt Mickes håll. Hade han tänkt sig vidare ikväll eller skulle de två kanske ha sällskap en bit?

Cissi hade kanske hoppats på att Micke skulle stanna och "diska", men hann knappt tänka tanken innan Micke reste sig och följde med Johan ut.
- Vi ses tjejer, det var skitkul. Stay in touch.
- Du kan väl stanna en stund sa Line och Cissi nästan i munnen på varandra.
- Ledsen, jag ska träffa någon, viskade han nästan ohörbart.

Line blev kvar hos Cissi och diskade faktiskt undan allt hon kunde hitta. Stämningen var lite olustig efter den osvenska konversationen tidigare på kvällen. Cissi var inte van vid så stora meningsskiljaktigheter. Det kändes bäst om alla var överens, tyckte hon.

*

Trots allt skulle det säkert bli kul att ha Line i samma stad. Normalt umgicks Cissi mest med Helena och Sara. Sara jobbade som lärare och deltidsforskare på en högskola utanför stan. De hade känt varandra redan hemma i Eksjö, innan Cissis familj hade flyttat till Stockholm. Sara hade pluggat i Uppsala och sedan börjat doktorera i Karlstad. När hon var färdig hade hon fått en halvtidstjänst på en ny högskola utanför Stockholm. De senaste femton åren hade antalet utbildningsplatser på högskolan ökat dramatiskt. Den ena högskolan efter den andra hade poppat upp. Nästan varje svensk stad hade egen högskola eller åtminstone en utlokaliserad filial av något slag. Därför ökade också behovet av utbildade lärare. En doktorstitel var inte på något sätt en garanti för att få ett bra jobb. I alla fall inte inom hennes område. Det var få som kom ut i näringslivet. De flesta blev kvar inom universitetsvärlden. Det ständiga problemet var att få loss medel till att inrätta forskningstjänster. Från att ha kunnat finansiera fem projekt och dubbelt så många tjänster under en period, kunde nästa budgetperiod innebära total nedskärning. Sara hade familj, så det var inte så ofta de kunde ses, men trots allt räknade hon Sara och Helena som sina bästa vänner. Med dem kunde hon prata om allt från mensskydd till skidresor. Helena hade jobbat tillsammans med Cissi det första året hon var på departementet. Sedan hade Helena blivit rekryterad till UD. Det var få förunnat. Sara var helt okej, trots att hon hade både man, barn och villa. Det var alltid varningstriangeln fram om någon kompis som hade skaffat pojkvän helt plötsligt började uttrycka sig i plural. Det var inte längre hon som var och tränade eller var nere på stan och köpte någonting. Det var vi som gjorde det. Vi skulle gå på fotboll. Vi skulle åka ut i Skärgården. Så fort en kompis skaffade pojkvän fick de gamla kompisarna stå tillbaka och nu var det pojkvännen och hans kompisar som gällde. Det kunde i och för sig bli tvärtom också att kompisen släpade med en timid kille överallt dit hon skulle. Sen när de stadgade sig lite mer ordentligt, var det parmiddagar som gällde och då passade man liksom inte riktigt in om man var singel. Line var säkert inte sådan. Dessutom verkade hon inte ha någon kille för tillfället. Ingen stadig i alla fall. Så vitt Cissi visste. Line var snygg. Det var allmänt omvittnat. Smal, blond och strax över medellängd. Det återstod att se om hon kunde nöja sig med någon vanlig Svensson, nu när hon har varit utomlands så länge.

Cissi betraktade sig själv som en ganska seriös person. Takterna från Lund höll i sig. Hon hade varit med både i kårstyrelsen och i linjeföreningen. I Stockholm hade hon inte kommit in i några nya engagemang. Det hade varit jobb för hela slanten. På fritiden hade hon i stället satt i gång med att läsa en del kvällskurser. Hon gick ett helt år på Folkuniversitetets kurs i italienska. Något senare började hon på improvisationsteater. Det var inte precis som att jobba med Lundaspexet, men det var ändå en slags avkoppling. I höstas hade hon och Helena bildat en bokcirkel. De var fem stycken. En till från Helenas jobb och två från Cissis. Det var en modern form av symöte. Hon hade aldrig hört talas om någon kille som någonsin hade deltagit i en bokcirkel. De träffades en gång i månaden och inför varje möte skulle de ha läst en roman och en mer ovanlig bok. Antingen en novell eller någon nonsensbok som handlade om till exempel vägskyltar i Sverige eller något i stil med Råttan i Pizzan. Det var naturligtvis alltid någon som inte hade hunnit läsa så mycket som de hade kommit överens om. Själv brukade Cissi oftast bli tvungen att sträckläsa och i värsta fall skumläsa mer än halva boken dagarna före. Meningen var att de skulle vara seriösa och diskutera böckerna på ett kritiskt sätt, men diskussionerna urartade allt som oftast till att beröra mer vardagliga saker som barn, jobb, politik, inredning eller vad som helst, fast det var väl också ett delsyfte med sammankomsterna. Ett någorlunda intellektuellt symöte i alla fall.

*

Line hade inte ont om pengar. Det var sant. Hon behövde inte stå i bostadskö med mössan i hand, men hon kunde bara inte få in i skallen att dessa helyllesvenskar verkade älska sitt hyresregleringssystem över allt annat. Samma personer som i timtal kunde gå på och filosofera kring murens fall och tala om marknadens fördelar jämfört med ett socialistiskt system, kunde i nästa ögonblick vurma för planekonomi och säga sig vara nöjda med att stå i en härligt lång öststatskö för något så trivialt som en vanlig lägenhet med allmännyttestandard. Det tar inte mer än ett år att bygga ett lägenhetshus. Anledningen till att ingen bygger är naturligtvis att det inte går att tjäna pengar på det eftersom priset är reglerat. Skulle någon ändå få för sig att ta ut högre hyra och därmed få lönsamhet i projektet, kan den som överklagar i Hyresnämnden få tillbaka pengar och då faller hela projektet. Dessutom är inte lägenheterna prissatta efter hur mycket folk tycker de är värda utan efter vilket bruksvärde lägenheten har. Det är därför en lägenhet i en förort ofta är dyrare än en sekelskifteslya i innerstan. Tänk om en svensk delegation kom till Bryssel för att börja hyresreglera lägenhetsbeståndet. Belgarna skulle skratta ihjäl sig. Där kan man, vare sig man är hög- eller låginkomsttagare, hitta en bra bostad utan att stå i kö en enda dag. Man behöver inte ens åka till något miljonprojektsområde med halvtaskig allmännyttestandard. Ändå är trycket så stort på Bryssel med alla EU-kommissionärer. Det måste kännas härligt för en företrädare för Hyresgästföreningen eller Allmännyttan att berätta för en svensk låginkomsttagare att utan hyresreglering har du inte råd att bo. Härligt för att personen i fråga tror blint på det den hör. Konstigt att man har råd med mat och kläder egentligen. Kanske borde sådant också prisregleras. Trots allt hade det ändå hänt en hel del i det gamla öststatssverige de senaste decennierna. När Line växte upp fanns det till exempel bara fyra radiokanaler och två TV-kanaler. Alla statliga. Hon kom ihåg när hon satt med kassettbandspelaren beredd jämte radion, för att kunna spela in någon fräck musik. Utbudet var minst sagt magert. Det var bara ett par timmar i veckan som det spelades musik för folk som var yngre än 40 på radion. Man brukade till och med lyssna på sportradion, bara för att kunna spela in de avhuggna låtar som spelades mellan Gunde Svans tidskontroller. Lördagsbiten, Poporama, Discorama, Upp till 13 och ett par år senare Tracks med Kaj Kindvall. Det var en ganska uttömmande beskrivning av utbudet. Mot slutet av 80-talet började TV3 sina sändningar och i början av 90-talet blev det fritt fram att sända kommersiell radio även i Sverige. Line, som hade släktingar som jobbade utomlands, brukade ibland få sig kassetter med ny och exotisk musik hemskickad till Halmstad. Då blev det rena julafton och Line steg i graderna bland kompisarna. För yngre människor låter det som fabler och forntidssagor, men anledningen till att det var som det var, är väldigt lätt att förklara. Det var helt enkelt förbjudet att sända radio och TV. Etermedia kontrollerades helt och hållet av staten. Man gjorde till och med tafatta försök att förbjuda parabolantenner. Den som försökte sig på att sända radio på egen hand fick vackert finna sig i att spendera ett par månader i finkan. Det är väl ungefär samma synsätt som gäller för bostäder. Visserligen är det inte förbjudet att bygga hyresrätter, men när det inte går att tjäna någonting på det, blir det i praktiken något som bara stat och kommun sysslar med och det vill de inte i tillräcklig utsträckning. Därför får Medborgarna stå i kö med mössan i hand medan partimedlemmar och välbeställda går förbi kön. Sverige – den sista öststaten.

För Line kändes det som om hon hade varit på flera miljoner visningar. Hon hade varit runt omkring i innerstan varenda söndag under hela senvåren och försommaren och sett på lägenheter av olika storlekar och skick. Ibland hade hon också gått på omvisningen som oftast ägde rum på måndags- eller tisdagskvällen. Efter ett tag hade hon och mäklarna börjat känna igen varandra. Det var säkert ingen ovanlighet. Hon hade med tiden lärt sig vad en luftig och smakfullt renoverad topplägenhet med välkomnande hall kunde innebära. Hon visste också på ett ungefär hur en yteffektiv etta som känns som en tvåa såg ut. Line hade precis köpt en liten tvåa på Kungsholmen. 3,8 miljoner. Svindyrt! Det skulle hon ha fått minst en trea för i Bryssel och i Marseille ett helt hus. Klart att priserna steg när halva lägenhetsbeståndet var prisreglerat och omöjligt att komma åt utan kontakter eller 20 års kötid. Priserna i Stockholm var bland de högsta i världen. Line skulle hellre ha hyrt någonting eftersom hon inte var säker på hur länge hon ville stanna i Stockholm, fast det var ju omöjligt. Visst skulle hon kunna ta ett andrahandskontrakt, men att inte kunna ha sina egna möbler och att bli tvungen att flytta med ojämna mellanrum var inget som lockade. Line skulle lägga in 1,2 miljoner kontant och väntade nu bara på att hennes låneansökan i banken skulle behandlas. Under tiden bodde hon hos sin morbror. Vem kunde, som hon, egentligen kasta fram 1,2 miljoner på ett bräde? Men när hyresmarknaden var mer eller mindre stängd var det vad som krävdes, såvida man inte nöjde sig med något som låg lite längre bort. Då kom man undan med hälften. Det ville inte Line göra. Hon förstod sig inte riktigt på hur stadsplanerarna i Stockholm hade tänkt. De hade byggt en ytterst liten innerstad där bara 15 % av befolkningen fick plats. Övriga var hänvisade till att bo i förortsmiljöer som till synes verkade vara utslängda på måfå, långt från ära och redbarhet. Man kunde tycka att det hade räckt att lägga dem tillsammans så nära staden som möjligt. I stället fanns det gott om utrymme emellan dem. Skog, sjöar, elljusspår. På morgonen satte folk sig i bilar och på pendeltåg för att starta sin dagliga vallfärd in mot stan eller ut till något arbetsområde där de skulle tjäna sin brödföda. På kvällen vände strömmen tillbaka. För många nyinflyttade blev drömmen om storstan i verkligheten en tillvaro i olika icke-urbana förorter, som ofta inte hade mycket bättre utbud än en normal svensk håla. De fick i stället ägna stor del av fritiden åt att pendla till och från jobbet och också till att pendla in till det utbud av nöjen och aktiviteter som nästan uteslutande fanns i innerstan. Innerstan saknade, med få undantag, byggnader som var högre än sex våningar. Det var inte frågan om någon sky-line precis. Hade man bara fortsatt att bygga staden likadan även utanför tullarna hade allt förmodligen varit frid och fröjd. I stället hade man satsat på en typ av förortsbebyggelse där bostäder, service och arbetsplatser låg separerade från varandra. I innerstan kunde man hitta en restaurang eller en skomakare i bottenvåningen av sitt bostadshus. I förorterna var det svårt att öppna en mattaffär eller ett kafé i ett hus där den nedersta våningen också den fungerade som bostad. Dessutom var vägnätet helt annorlunda konstruerat än innerstadens kvarter, där människor som hade olika ärenden ständigt var i rörelse. Förortens vägar ledde någonstans. Hem. Den som befann sig på en förortsgata satt mest sannolikt i sin bil på väg till parkeringsplatsen där han bodde. Fotgängare och cyklister befann sig på speciellt anpassade gång- och cykelbanor. Ingen strosade omkring på förortsgatan. Redan innan den byggdes, hade den sin förutbestämda funktion som transportanordning utstakad och klar.

Line hade gått på ett stort antal visningar innan hon bestämde sig för tvåan på Kungsholmen. Den var utannonserad för 2,9 miljoner. Line ställde först en del frågor till mäklaren. Hon ville veta vilka väggar som var bärande, om det fanns bredband installerat och hur de gemensamma utrymmena var utformade. Mäklaren verkade ha dålig koll och hade svarat undvikande och hänvisade till föreningen för mer information. Hur är det med stambyten och föreningens ekonomi då? Jo, det visste mäklaren att det var en välskött förening med stabil ekonomi som redan hade bytt alla stammar. Både elstigar och vattenrör. För 47 år sedan. Vad tror du priset hamnar på då, undrade Line till sist. Den är utannonserad för 2,9 miljoner, men det kan alltid hända att någon lämnar bud som överstiger det, hade mäklaren svarat och sett pillemarisk ut. Men, vad är realistiskt egentligen, undrade Lina, som visste att 50m2 på Kungsholmen skulle komma att gå för betydligt mer, trots att alla dem som trängdes på visningen hade helt andra förhoppningar. Ett par utan några som helst möjligheter att lägga in något eget kapital hoppades på att kunna få låna 1,5 miljon var, för att på så sätt kunna betala för lägenheten.

- Det kommer att gå upp, viskade mäklaren med ett stort leende på läpparna. Det kommer att gå upp rejält.

Line hade punkterat budgivningen genom att höja det senaste budet som låg på 3650 direkt upp till 3800, i stället för att som förväntat höja till 3,7. De andra hade vikt sig direkt. Visningen var på söndagen och redan på tisdagen hade Line en lägenhet.

*

Micke vaknade sent den morgonen. Klockan var över elva. Han hade till och med haft mobilen avstängd under natten. Han hade gått direkt hem efter festen hos Cissi. Ursäkten om att han skulle träffa någon, var bara ett svepskäl för att slippa umgås mer den kvällen. Visst. Det kunde vara underhållande att lyssna på Lines betraktelser om hur bra allting var utomlands, det vill säga om man var välavlönad och spatserade på Champ Elysées med Versace- och Guccipåsar i händerna, men han behövde verkligen vila ut. Han slog på TVn och bläddrade fram de senaste nyheterna och börssidorna på Text-TV. Han hade sagt upp prenumerationen på DN förra året. Hälften var annonser och den kom i minst tre delar och var hur tjock som helst. Den blev oftast bara liggande. Han hade inte tid att läsa den. Mitt i frukosten ringde telefonen. Den fasta telefonen, som inte var avstängd. Det var Binge. Micke hade lärt känna Binge på Ericsson. När Ericsson gjorde nedskärningar blev Binge övertalig och fick gå. Det var ett tag sedan och nu levde Binge på A-kassa i kombination med att han reparerade datorer åt folk. Kraschade hårddiskar, installation av ljudkort och andra smågrejor. Svarta pengar, så klart. Binge ville ta en öl. Micke visste hur det var med Binge. En öl blev ofta till två, som blev till en hel kväll, som inte tog slut förrän klockan halv sex på morgonen. Han tackade nej och föreslog att de skulle höras senare i veckan.

Klockan var halv åtta på måndagskvällen när Micke öppnade postfacket i entrén. På vägen uppför de tre trapporna studerade han kuvertens utsidor. Elräkningen och ett besked från pensionsmyndigheten, vem bryr sig. Dessutom hade det kommit ett brev från Stockholms bostadsförmedling. Micke stannade upp på en av trappavsatserna och vände och vred på kuvertet. Vad ville bostadsförmedlingen honom? Det var inte den tiden på året då man betalade köavgiften. Det kanske var någon höjning på gång. Micke slog på TVn

och la ner portföljen och breven på soffan. Utom brevet från bostads-
förmedlingen.

"Du har fått anbud om lägenhet. Visning onsdag kl 11.00. Om du inte
svarar på detta anbud eller på annat sätt meddelar bostadsförmedlingen
mister du din plats i kön."

Micke trodde inte att det var sant. Efter 11 år i bostadskön hade han
fått ett erbjudande om lägenhet. 11 års väntetid för att få hyra en trea i
Hägersten. Redan på onsdag. Det var snabba ryck också. Redan om två
dagar. Ingen ska påstå att bostadsförmedlingen är en typisk ineffektiv
kommunal organisation. Han skulle bli tvungen att flytta ett kund-
besök, men det var det värt. Om han fick lägenheten skulle han
självklart inte sälja bostadsrätten och flytta ut till Hägersten, som låg
ett par stationer bortanför Midsommarkransen. Han såg hyresrätten
som en ren investering. Det var som att vinna på lotteri. I och för sig
skulle han kunna sälja sin bostadsrätt på Söder, casha hem vinsten och
sedan bo hyfsat billigt ute i Hägersten, men det var inte det som var
planen. Micke blev inte ensam på visningen. Det var förutom han själv,
tre andra som hade visat intresse för lägenheten och blivit kallade till
visningen. Två av dem var par. De hade alla ungefär samma kötid.
Representanten från Familjebostäder förevisade lägenheten. Det var
traditionell folkhemsstandard från sent 50-tal. Den senaste renove-
ringen hade genomgående givit plastmattor, med undantag av vardags-
rummet som hade fiskbensparketten bevarad. Representanten förhörde
sig med de sökande en och en. Stämde uppgifterna om årsinkomst och
anställning? Fanns det referenser? En del av dem som var på visningen
började svikta och menade att ett vikariat på Manpower var en lika
säker inkomst som ett fast jobb och för övrigt var inte 5300kr i
månaden något att tala om. De betalade ju betydligt mer i andrahands-
hyra. Micke var bättre förberedd. Konsultkostymen var nypressad. Han
visste precis hur Allmännyttan resonerade. För att kunna sålla bland de
sökande tog de helt enkelt den som hade bäst inkomster på lång sikt.
Officiellt var det naturligtvis bara en del i bedömningen, men det
tenderade ändå att gå i den riktningen. Varför hyra ut till någon som
saknade fast jobb och tjänade 10 000 mindre än Micke gjorde? Det
vore antagligen att betrakta som tjänstefel.

*

Johan sträckte ut sig i den främmande soffan. Det var en svart
skinnsoffa som var placerad under loftsängen. Stegen var uppfällbar,
så sängen störde inte egentligen, även om det gav ett skrymmande

intryck med en stor säng, två och en halv meter upp i luften i en så liten lägenhet. Han hade just flyttat in i sin nya lya. Här skulle han bo i sex månader. Sedan var det meningen att den rättmätige ägaren skulle komma tillbaka. Johan hoppades att han skulle bli borta längre. Nu kunde han i alla fall slappna av i några månader utan att behöva tänka på att leta lägenhet. Från soffan var hela lägenheten inom synhåll. Gasspisen från 40-talet fanns kvar och dominerade nu den öppna kökslösningen. Det fanns ett framtaget och mattslipat trägolv. Liten toa med Stockholmsdusch. Alla möblerna var kvar. I taket, mitt i rummet, var den obligatoriska ungkarlsfläkten monterad. Det fanns inga böcker eller bokhyllor. TVn var gigantisk med hemmabioljud och i ett hörn tronade en stereo med högtalare av kolossalformat. Ölglassamlingen och bilderna på Manchester United hade Johan städat undan. Slitzflickan på väggen bakom soffan behöll han. Man är ju inte ungkarl för inte, tänkte han, fast i Stockholm kallas det singel.

För Johan hade det här med lägenheter blivit ett problem. Nästan som en ond cirkel. Han var inte dum och hade som tekniker inga som helst problem att ta fram sin Texas instruments och räkna ut att det i längden skulle bli billigare att betala månadskostnaden för en bostadsrätt, än att kuska runt på en evig resa bland andrahandslägenheter. Det skulle till och med bli billigare även om han amorterade en del, men det tog emot. Det tog verkligen emot att slanta upp över en miljon för något så banalt som en lägenhet och dessutom kunde man aldrig vara säker på i vilken riktning marknaden rörde sig. Ett rum och i bästa fall ett kök var vad han skulle ha råd med. Förmodligen skulle han bli tvungen att renovera också. Inte roligt. När han först kom till Stockholm hade han ställt sig i en hel del förortsköer, men efter ett tag insåg han att det inte var värt besväret att sitta och plöja på Internet varje dag och anmäla intresse på objekt som han ändå aldrig skulle kunna få. Kruxet med förortskommunerna var att de prioriterade dem som redan var skrivna i kommunen. Därmed kunde man vänta till döddagar utan att få någonting eftersom det alltid fanns sökande som redan bodde i kommunen.

*

Line öppnade brevet från banken. Hon hade posten adresserad till sin arbetsplats tills vidare, även om hon bodde tillfälligt hos sin morbror i Åkersberga. På Skatteverket var dom inte glada åt det. Hon som kom direkt från utlandet måste så snart som möjligt se till att skaffa sig en permanent svensk adress för att kunna komma in i systemet igen. Försäkringskassan, Skatteverket, sjukvården. Utan registrering blir det varken sjukpenning eller sjukvård. Line hade försökt skriva sig hos föräldrarna i Halmstad utan framgång. Folkbokföringsenheten på Skatteverket hade förklarat att man måste vara skriven där man har sin nattvila och att det inte var trovärdigt att sova i Halmstad när man jobbade i Stockholm. Då Line inte hade kunnat skaka fram någon trovärdig adress, hade de till slut gått med på att tillfälligt skriva henne på arbetsplatsen.

"Avslag. Då Ni enligt kreditupplysning har otillräcklig inkomst för inkomståret 2012 ser vi oss nödgade att avslå din ansökan om lån i vår bank."

Avslag? Avslag! Jag har ju gett er både anställningsbevis och löneuppgifter. Det är väl klart att jag inte har någon inkomst från tidigare år när jag har bott utomlands så länge, sa Line när hon efter 12 minuter i telefonkön kom fram till banken.

- Vi har dessvärre ingen möjlighet att bevilja lån utan att ha garanti för att kunden har ett förflutet med tillfredsställande inkomster.
- Men då får ni väl ta kreditupplysning från Bryssel i stället så ordnar det sig säkert och varför ser ni inte att jag tjänar nästan 50000 i månaden? Det borde väl räcka!
- Vi har ganska strikta regler i den här typen av frågor.

Line kontaktade i stället en Internetbank och fick till slut sitt lån. Hade hon fått tala med en mer erfaren tjänsteman hade så klart missförståndet kunnat redas ut. Kreditupplysning ska normalt bara vara en del av bedömningen.

*

Cissi kände på sig att det inte var första gången. Förra veckan hade hon lagt märke till att en del av prydnadssakerna i hyllan var i oordning. Hon var petig med sådant och hade med en gång satt tillbaka varje sak på exakt rätt plats så fort något inte var som det skulle. Träfigurerna från Sydafrika stod nu med huvudena vända ifrån varandra. Dom som hon hade köpt på departementets studieresa förra året. Den här gången var också några av Mankellböckerna utdragna en bit längre än de övriga i raden. Hon kanske höll på att bli en halvhysterisk och desperat 34-årig singel, men hon trodde ändå inte att det hade gått så långt. Det måste ha varit någon inne i lägenheten medan hon var borta. Någon gång den här veckan. Allt hade varit i ordning efter festen förra fredagen, så det kunde inte ha varit någon av dem och katten kunde inte ha tagit sig upp där. Hyresvärden var en man i övre medelåldern som hon egentligen bara hade sett när kontraktet skrevs på och nycklarna skulle överlämnas. Var det han som hade varit inne i lägenheten och i så fall varför? Cissi var noggrann med sådant. Det kändes otryggt att någon kunde gå in i lägenheten så utan vidare. Det var skillnad om det gällde reparationer som hon visste om i förväg, men det här kändes inte helt komfortabelt längre. Senare på kvällen ringde hon på hos tjejen en trappa ner. Hon hade en rödspräcklig katt som Cissi hade passat någon gång när tjejen hade varit borta. Den kom inte alls överens med Shannon så hon kunde aldrig ta upp den utan hon brukade gå ner i tjejens lägenhet och mata den.

- Jo, han är lite konstig. Han har varit inne här också nån gång. Han kommer alltid när man inte är hemma. Han är sån. En av hans andra fastigheter har blivit tvångsförvaltade. Han skötte inte den ordentligt, efter vad jag har hört.

Cissi gick och drog på det ett par dar, men ringde sedan upp värden och undrade om han hade varit inne i lägenheten. Jo, det hade han varit, fast bara en gång. Han skulle kontrollera hennes elementfabrikat. Det skulle kanske bytas. Han tyckte inte att han behövde säga till innan. Hon var ändå inte hemma och då spelade det ju ingen roll, sa han. Men du måste säga till i fortsättningen sa Cissi vänligt men bestämt innan samtalet avslutades.

*

Micke fick kontraktet med inflyttning två månader senare, fast han skulle så klart inte flytta in i den själv. Han hade satt ut en annons hos ett Internetföretag som förmedlade andrahandslägenheter. Det kostade honom ingenting. I stället var det dem som sökte lägenhet som fick betala företaget för att få tillgång till de utannonserade objekten. Han satte ut den för 10000 exklusive ström och bredband. Han hade hört att Allmännyttan kunde vara restriktiv med andrahandsuthyrningar där det inte fanns något konkret skäl, så han skulle inte tillåta att den som hyrde hade någon namnskylt på dörren och heller inte i entrén. Telefon-abonnemanget och bredbandet skulle också det stå på honom. Det var ett litet risktagande eftersom den som hyrde skulle kunna låta bli att betala och då skulle han själv få stå för det och samtidigt riskera betalningsanmärkning. En betalningsanmärkning är någonting som man med alla medel måste undvika. Med en sådan i bagaget skulle det inte ens gå att få ett telefonabonnemang i fortsättningen. Än mindre få lån till bil och bostad. Det skulle nog fixa sig ändå. Ville de bo kvar var de ju tvungna att sköta sig. Det räknade Micke med.

*

Line och Cissi skulle ha setts nere på Stureplan senare på kvällen. De skulle bara ha tagit en sallad och pratat lite, men Line hade ringt återbud. Redan när hon vaknade hade hon känt sig vissen och nu framemot eftermiddagen förstod hon vad som var i antågande. Det sved när hon gick på toaletten, så nu var det bara att vänta på att febern skulle sätta in med full kraft. Det fick bli sjukanmälan och ett besök på vårdcentralen i morgonen efter. När hon var på väg mot tunnelbanan för att åka hemåt började det trycka på ordentligt och det kändes som att hon måste komma till en toalett med en gång innan det hände en olycka. Det var ingen idé att vända tillbaka till jobbet, utan hon skyndade på stegen för att komma ner i tunnelbanan, fast där fanns ingen toalett. Däremot luktade nästan varje tunnelbanestation i Stockholm som om den vore en toalett. I alla fall gjorde dom som låg under jord det. Det var kanske inte att undra på, så svårt som det var att hitta en offentlig toalett.

- Den finns en borta i parken, sa spärrvakten utan att se upp från boken han läste i.

Hade hon varit man hade hon inte tvekat, men det skulle kännas lite pinsamt att som tjej dra ner byxorna inom synhåll för folk. Line sprang uppför rulltrappan och in i parken. Mycket riktigt. Där fanns en sorts byggnad och i ena hörnet av den en toalett som skulle kosta fem kronor, men den var igenbommad. Tillfälligt ur funktion. Det verkade som att folk också här hade demonstrerat sin besvikelse över bristen på ställen att förrätta sina behov och i stället gjort som hundarna. Använt toalettbyggnadens hörn. Line gick i stället in på första bästa kafé och direkt in på toaletten. Varför hade hon inte tänkt på det med en gång? På vägen ut köpte hon en American muffin för att inte bli stämplad som toalettsnyltare.

Ta det lugnt nu, Line. Bara alldeles lugnt. Acceptera att du är i Sverige. Här står man i kö för att komma till läkare. Bara ta din nummerlapp och sätt dig ner så ska du se att allt ordnar sig. Line försökte peppa upp sig själv så att dagen inte skulle sluta med både sjukdom och nervöst sammanbrott. På morgonen hade hon stoppat i sig två Alvedon och nu var hon på väg ner mot vårdcentralen. Hon såg inte helt pigg ut där hon gick vid sidan av den hårt trafikerade vägen. Bullret från trafiken studsade mot husfasaden och vidare in i hennes trötta och tunga huvud. På vårdcentralen verkade allt vara lugnt och stillsamt. Det stod bara en person framför henne i kön. Mamma med snorigt barn såg det ut som. Ingen idé att hålla sig undan så som hon helt reflexmässigt skulle ha gjort annars. Hon var ju redan sjuk.

- Jo, jag är sjuk jag, sa Line så käckt hon förmådde, när det blev hennes tur.
- Vi kan tyvärr inte emot direktanmälningar, sa sköterskan och pekade mot en skylt som satt strax till höger om inskrivningsluckan. Du får ringa numret som står där på skylten. Jag tar bara emot betalning från dem som redan har fått tid.
- Ringa? Men jag är ju sjuk. Urinvägsinfektion. Jag står ju här. Du kan väl lika väl släppa in mig när jag ändå är här. Sköterskan såg plågad ut. Hon hade hört det förut.
- Tyvärr kan jag inte göra någonting. Man måste alltid ringa innan man kommer. Det blev ändrat förra året.
- Men, ska jag gå hem och ringa och sedan komma tillbaka hit igen? Det verkar ju helskumt.
- Jo, så är våra rutiner. Du kanske har någon mobiltelefon med dig.

Det hade hon, men hon var alldeles för upprörd för att plocka fram den just då. I stället vände hon tillbaka hem till sin morbror och ringde från den vanliga telefonen. Det skulle bli för dyrt att sitta i telefonkö med mobilen. Hon var inte smålänning, men inte långt ifrån. Själva telefonsamtalet gick smidigare än förväntat. Hon möttes direkt, på första försöket faktiskt, av en telefonsvarare som berättade att telefontiderna dessvärre var slut för idag. Var vänlig försök igen imorgon. På eftermiddagen ringde Line till Cissi, som var på jobbet, för att få skälla av sig.

- Men vad gör man om blir riktigt jävlar dödssjuk i det här kommunistlandet då, undrade Line.
- Jo, jag vet, svarade Cissi. Man får vara snabb på morgonen så att tiderna inte hinner ta slut, men du kan ju testa Cityakuten. Där tar dom emot hela dagen, fast man kan få sitta en bra stund. Nu är det för sent, men prova imorgon.
- Okej, fast det är tre mil in dit så jag kanske testar vårdcentralen en gång till. Jag kan ju låtsas att jag har partibok så får jag kanske gå före i kön.

*

Cissi jobbade på Utbildningsdepartementet. Lönen var under all kritik, men annars var det ett helt okej jobb. Hon fick göra mindre utredningar inom utbildningsområdet. Det blev mest konsekvensanalyser och utvärderingar. Ofta hade hon direktkontakt med statsråden. Dom kunde vara något speciella emellanåt om man säger så, men förmodligen inte värre än vilken annan uppdragsgivare som helst. Det var kul att få jobba mitt i stan också. Det var gångavstånd. Ett par hundra meter till Vasagatan och sedan bara rakt över bron så var hon hemma på Hantverkargatan. Egentligen ville hon till UD. Det ville alla och dom tog sällan in några nya. Hon hade i alla fall ett hyfsat intressant jobb och vem visste vad det skulle kunna utvecklas till på sikt. Ibland kunde det vara stressigt, fast aldrig så att det var någon större fara. För henne själv i alla fall. Problemet med utbrändhet hade till och med nått hennes egen arbetsplats. Det var i och för sig inte ett fenomen som begränsade sig till karriärister som jobbade på privata företag, så Cissi var inte förvånad. Utbrändhet var sällan orsakad av för många och för svåra arbetsuppgifter. Det var snarare en frukt av dålig organisation och sådant var inte direkt en bristvara i den offentliga sektorn. Det kunde räcka med att en chef inte tog sitt uppdrag på allvar. Då blev de som ändå försökte göra ett bra jobb satta i omöjliga situationer som inte gick att reda ut. Det kunde också röra sig om fel personer på fel plats eller personer som stoppade upp verksamheten och skapade frustrationer. Det sägs att den offentliga sektorn är sämre på att lösa konflikter. I och med att den direkta pressen utifrån var lägre kan oegentligheter få pågå längre än i det privata näringslivet där det lättare upptäcks eftersom företaget annars förr eller senare skadas allvarligt.

Cissi svarade på ett mail från sin syster och loggade sedan ur och stängde av. Hon tänkte flexa lite och gå hem och sova en stund. Sedan skulle hon gå på Friskis. Det var Core-training. När hon ställde ner väskan på golvet utanför sin lägenhetsdörr och vred om nyckeln i sjutillhållarlåset var det något som inte stämde. Hon vred fram och tillbaka, men låset var redan öppnat. Hon steg in i hallen och såg först bort mot kokvrån och sedan ut i vardagsrummet. Där, längst in mot väggen vid bokhyllan, stod hyresvärden. I ena handen höll han Fredrik Lindströms senaste pocket och med den andra pekade han pliktskyldigt mot elementet.

*

Line ställde klockan på sju. Hon hann somna om tre gånger innan hon fick upp ögonlocken så pass att hon kunde slå numret till vårdcentralen igen. Febern låg stabilt på 38 grader, men det var egentligen svedan som var värst. Line var inte ensam om att ha gått upp tidigt. Det behövdes sju försök innan hon äntligen fick höra telefonsvararrösten igen. Rösten berättade att någon skulle ringa upp henne på det nummer hon hade angivit klockan tio och tjugo. Det var bara att vänta och se glad ut. Klockan halv elva ringde telefonen. Line redogjorde för sina problem och sköterskan trodde att det skulle kunna finnas en lucka redan nästföljande dag.

- Men idag då? Det gör ju ont, sa Line så gnälligt hon bara kunde.
- Tyvärr inte, men klockan tio och trettio imorgon bitti skulle hon kunna få loss en tid. Hur var personnumret? Det ser inte ut som att du finns inskriven hos oss. Var bor du?
- Tråsättra.
- Fast jag ser här att du är folkbokförd inne i stan. Då är det dit du ska gå. Vi kan tyvärr inte ta emot några nya patienter som inte bor här.
- Men jag bor ju här. Jag var bara tvungen att skriva mig inne i stan.
- Jag är ledsen.

Line tog en taxi ner till stationen och satte sig på tåget. I Cityakutens väntrum kändes det som att folk både stod och låg på varandra. Det var nog bara en synvilla eftersom nästan hälften av dem vid en närmare granskning verkade vara medföljande. Klockan halv fem fick Line sitt penicillinrecept.

-Du skulle ha kommit tidigare, sa läkaren. Det är inte bra att gå och dra på sånt där. Penicillinet tar ner febern direkt.

*

Cissi satt ensam på Kvarnen. Hon tryckte lite förstrött på mobilens olika knappar och funktioner. Hon hade skrivit ett SMS till Johan och väntade på svar. Line var försenad men skulle vara där inom en halvtimme. De skulle äta något lätt, kanske en sallad eller pasta och sedan sitta kvar en stund och snacka. Line hade högklackat och slimmade svarta stretchbyxor på sig när hon slog sig ner mitt emot Cissi vid hörnbordet. Solglasögonen var uppskjutna i pannan, som alltid, och toppen var chockrosa. Helt diskret. Av sjukdomen syntes inte ett spår. Hon hade just avslutat penicillinkuren och det var egentligen bara i början som hon var sjuk på allvar.

-Men vad tror du skulle hända om du och Shannon blev sjuka samtidigt? Det skulle inte ta många minuter för veterinären att ta en titt på henne. Du själv skulle vackert få vänta.

- Så kan man väl inte jämföra. Veterinärer finns det ju gott om.

-Men vad skulle man göra om man verkligen blev allvarligt sjuk i det här landet. Hur skulle man orka? Kan man hyra sig en köståare som tar hand om det administrativa medan man ligger sjuk, eller måste man stå i kö för att hyra en köståare?

- Ja, jo, suckade Cissi. Jag vet att doktorn kom hem till dig när du blev sjuk i Marseille, men det är ju ett helt annat system. Där hjälper det att vara rik.

- Nä, det var inte någon direktbetalning eller ens försäkringssjukvård. Alla får vård i Frankrike. Fattig som rik. Ingen behöver tänka på att skriva testamenten medan de köar, för det finns knappt några operationsköer att tala om. Det är förresten inte gratis att gå till en specialist här heller. Min morbror fick betala 450 spänn hos ögonläkaren.

- Jo, men det finns ju frikort.

-Alla svenskars dröm. Att få hålla ett alldeles eget frikort i sin hand. Är det Göran själv som undertecknar det? Tänk att få stå på en lång rad utanför vårdcentralen och när det har blivit ens tur få trycka Görans hand, ta emot sitt frikort, se Göran mysa och nästan ohörbart viska: "Till hösten är det val" Problemet är väl egentligen att trots att det pumpas in mer och mer pengar i sjukvården blir köerna bara längre. Ändå är det betydligt fler anställda nu än för 30 år sedan. Administration och kringaktiviteter, liksom.

-Jag är ju folkpartist så jag struntar väl i Göran, sa Cissi och höll så god min hon kunde. När Line kom igång var hon svår att få tyst på. - Johan skulle titta förbi senare. Han hade visst nåt lägenhetsstrul nu igen.

-Kul. Jag beställer en flaska rött.
-En hel flaska? Okej då. Det är ju fredag.

Johan skulle inte komma än på ett tag. Cissi och Line beställde varsin foccacia och satt sedan kvar och pratade. Framåt tio droppade matgästerna av och lokalen började fyllas av ett annat klientel. Det var barkväll. Ruljangsen skulle inte komma igång på allvar förrän vakterna hade kunnat upparbeta en ansenlig kö utanför på trottoaren. Kvarnen var ändå inget snobbställe. Tvärtom. Det var sällan någon blev nekad att komma in och det var inte alls frågan om några Stureplansfasoner. Okej att en del gick direkt in, men det var ändå ingen urvalsprocess. Cissi hoppades att Line inte skulle komma på att göra liknelsen mellan

Stockholms krogköer och bostadsköer i Sverige och Nordkorea. Man står i en ändlös krogkö och får samtidigt se hur vissa går direkt förbi kön och får sig en lägenhet närmast scenen, skulle hon säga och se världsvan ut. Efter ett tag hände det som alltid händer när två tjejer går ut. Killar kommer fram och börjar prata. När man hade tänkt sitta lugnt och stilla och prata med en kompis, blir man i stället tvungen att svara artigt på frågor om fröken ofta går hit. Nej, så säger dom väl inte, men det är inte långt ifrån.

- Men, skulle man inte bara kunna gå ut för att prata, utan att ragga, skrek Cissi i örat på Line för nu hade musiken börjat bli hög. Varför skulle jag vilja följa med någon av dom hem?
- Dom ligger verkligen på! Speciellt på dig. Det är väl dina kvinnliga former som drar. Jag är som en speta.
-Det kan man inte lita på heller. Dom lägger ut krokar lite överallt ser det ut som. Man ska inte tro att man är speciell bara för att dom pratar med en. Det är så det funkar. Killarna jagar och tjejerna väljer. Det är likadant på nätet. Man kan lägga ut en profil utan bild och nästan utan innehåll och ändå blir man mailbombad. Bara för att man är tjej.
-Undrar var alla dessa sugna singelkillar kommer ifrån, förresten. Det borde väl finnas ungefär lika många av vardera sorten, eller gömmer tjejerna undan sig någonstans, undrade Line.
- Det är väl det gamla vanliga med den andra kvinnan, sa Cissi. Det finns en hel del som verkar ha bestämt sig för en kille som redan är upptagen och tror att han ska skilja sig. Hur dom nu kan tro det. Man har väl aldrig hört talas om tjejer som lever dubbelliv och har flera killar samtidigt. I alla fall inte i vuxen ålder.
- Men, borde inte vi vara ganska sugna egentligen, undrade Line. Vi är inte direkt purunga och hur har du tänkt att du ska kunna få de där två barnen och villa utan att en man är med i bilden.
- Jo, men man vill ju inte ha någon som är mesig.
- Alla kan här kan väl inte vara mesiga eller har du tänkt betala för dig.
- Du är inte klok!
- Det finns det dom som gör nu för tiden. För att få den perfekta genuppsättningen.
- Det kanske inte är så dumt här på Kvarnen i alla fall då. Den av dom som jagar bäst och är mest framåt får kanske befrukta mig. Det är darwinism.
- Jo, fast då är han lika duktig på att jaga fram ett par nya babes när du väl har blivit gravid och otymplig.
- Ja, hur ska man få tag i en riktig karl och dessutom lyckas göra om honom till en välborstad dagishämtare som lyder minsta vink? Det är ett hårt liv.

- Men hur var det med den där idrottsmannen du hade ett tag. Han var väl schysst. Anders, Christian?

- Andreas. Jo, men han tränade jämt och vilka matvanor sen. Det var makaroner och ketchup när det var fest och bara makaroner till vardags. Lite stil vill man ju ändå ha. Det hade ju varit skillnad om han där borta hade kommit fram till exempel, sa Cissi och pekade på en kille som stod borta i baren med en ölflaska i handen och pratade med några som verkade vara hans kompisar.

- Okej... Mörk främling, men han kommer garanterat aldrig till att komma hit. Varför går inte du fram till honom då?

- Nä, så gör man inte. Det kan du göra själv om du vill. Utomlands kanske du hade kunnat köra tända-cigarett-tricket, men här är det knappt någon som röker längre. Dessutom måste man gå ut om man ska röka.

- Desto bättre!

- Hmm. Jag får se om jag kan fånga hans blick om han går på toa eller nåt.

- Ska vi ha lite mer vin?

Johan hade stått i kö en halvtimme. Nu behövde han en öl. En stor.

- Nu kommer det inga fler pojkar fram till oss. Dom tror att vi tillhör dig, sa Line.

- Hur är det på lägenhetsfronten nu då? Någon lycka hos Allmännyttan? Har du hört av Micke?

- Nej. Jag fick strul med thailändaren. Han kom tillbaka tidigare än beräknat, så jag måste flytta ut vid månadsskiftet.

- Men så kan han väl inte göra. Skrev ni inte kontrakt?

- Jo, men vad ska man göra åt det? Gå till Hyresnämnden? Dessutom är det inte kul att bo någonstans där man inte är välkommen. Jag är van. Jag hittar nog nånting. Har redan en tvåa på gång faktiskt. I Traneberg.

*

Det var september, men fortfarande varmt i luften så Line passade på att ta en inlinetur på Djurgården. Hon tog vägen över Djurgårdsbron och följde sedan asfaltvägarna ut till Blockhusudden. På tillbakavägen stannade hon till vid Djurgårdsbrunn. Hon hade åkt ganska långt innan hon kom fram till Djurgården, så hon hade planerat att ta bussen därifrån och in till stan. Hon mötte många inlinesskejtare som var betydligt yngre än hon själv. Hon var ingen ungdom längre, det hade hon redan konstaterat och det både kändes och syntes. Hon körde inte omkring med en I-Pod runt halsen. Hon visste inte ens vad det betydde. Det hörde heller inte hennes generation till att spöka ut sig med tatueringar och piercing. Piercing? På hennes tid var det ett stort steg att ta hål i öronen. Undrar vad som händer när den generationen blir äldre och börjar dö. Plockar begravningsentreprenören bort metallbitarna från kropparna eller får de sitta kvar? Framtidens arkeologer kommer bergsäkert till att tro att man på 2000-talet betraktade nickel som en värdefull metall som offrades för att helga de dödas minne och blidka gudarna. Eller vad sägs om att gå omkring med jeansen halvvägs nere på baken så att man ser klyftan. Var de specialkonstruerade eller tänjdes de ut? Line hade inte en aning. Generationsklyftan var uppenbar. Hon var en äkta gammaldags stofil som köpte CD-skivor och hade en intakt samling vinyl i förrådet. Kanske låg det till och med ett eller annat kassettband och skräpade.

Trots Lines uppenbara svårigheter att anpassa sig till det svenska folkhemslivet hade hon hittills haft hur skoj som helst. Det hade varit fullt upp på jobbet. Både socialt och jobbmässigt. De hade redan hunnit med en konferensresa till Zürich. Bland annat. Line hade börjat umgås lite grand med de gamla kompisarna från Lundatiden samtidigt som hon hade lärt känna en del nytt folk på träningen. Line var aerobicsinstruktör sedan tiden i Lund och hade nu börjat köra två till tre pass i veckan som ledare. Inte för att hon behövde extraknäcket utan för träningens skull. Det var egentligen bara när hon själv råkade ut för något konkret missöde som hade med folkhemstanken att göra, som hon retade upp sig. När man som hon, hade varit utomlands så länge, var det inte svårt att se vilka bristerna var. Att försöka skyla över bristerna och låtsas att man var nöjd med saker och ting som de var, tyckte hon var likställt med att kasta in handduken. Det kändes som att hon sårade svenskarna djupt in i själen så fort hon råkade påpekade uppenbara tillkortakommanden. Hon förstod att svenskarna var tvungna att anpassa sig efter ett system de själva sa var världens bästa. Då var det antagligen nödvändigt att vara på sin vakt och försöka dölja bristerna. De var fångna i en folkhemskostym som efter ständig återanvändning och allt för många tvättar hade krympt och blivit sliten och därför inte passade längre. Medan grannländerna hade sytt upp nya kläder, ville Sverige fortfarande visa fram sin gamla malätna kostym som för en utomstående betraktare numera såg ut som en nött och uråldrig folkdräkt. Lappad och lagad som den var. Folk stod med mössan hand och trodde på fullt allvar att det hjälpte att låg- och medelinkomsttagare betalade mer och mer skatt för varje år som gick. Sådant kunde reta upp Line till bristningsgränsen. Fast det var kanske ändå de små detaljerna i vardagen som var mest påtagliga och fick henne att bli irriterad.

*

Det nya låset kostade 1700 kronor inklusive låssmedens arbete, men det var det värt. Cissi hade inte berättat om sin hyresvärd för någon annan än kattjejen en trappa ner. Cissis syster skulle ha kommit i upplösningstillstånd om hon hade vetat. Hon var helt paranoid när det gällde sådant. Den eftermiddagen då hon hittade värden inne i lägenheten hade varit droppen. Hon hade tagit boken ur hans hand och demonstrativt smällt in den i hyllan där den hörde hemma. Värden hade tagit en sista vända bort mot elementet och förklarat att här skulle det bli byte av. Någon gång. Fast nu var det mitt i sommaren. Cissi stod med armarna i kors medan värden lommade ut ur lägenheten. Vad hon visste var det inget som helst fel på elementet. Det hade varit värre om hon hade hittat honom sniffandes bland underkläderna, men i alla fall. Det var ju hennes lägenhet och en hyresvärd ska hålla sig utanför lägenheten. Inte betrakta den som sin egen.

*

Det var bara tio dagar kvar tills Line skulle flytta in i den nya lägenheten. Möbelcontainern från Belgien stod redan i hamnen och väntade. En flyttfirma skulle ta hand om det praktiska. Lines pappa och lillebror skulle komma med ett släp från Halmstad. Även flickrummet i villan skulle tömmas. Hon själv, säljaren och mäklaren skulle träffas dagen före det officiella inflyttningsdatumet. Nu när Line saknade en fysisk bankkontakt skulle de göra upp affären på mäklarens kontor. Line tänkte börja med att slita ut köket. Därefter skulle hon ge sig på vardagsrummet och toaletten. Vardagsrummet hade slipat trägolv. Det var original, men plankorna låg vända längs med fönstret i stället för vinkelrätt mot det och sammanföll därmed inte med dagsljuset. Något som tydde på att det hade legat ett mer stryktåligt bruksgolv ovanpå en gång i tiden. Väggarna var svagt mintgröna och skulle så småningom genom Lines försorg förvandlas till att bli helt Stockholmsvita. Hon skulle ta det pö om pö. Det var ingen jättebrådska. Hon gillade dessutom att måla. Det skulle komma hantverkare och fixa köket, så det enda pappan och brodern behövde hjälpa till med var att slita ut det som skulle bort. Toaletten var ett långtidsprojekt. Den skulle helkaklas och ha detaljer i sjösten. Drömmen var att få upp toalettstolen på väggen i stället för att ha den traditionella stående varianten. Kaklingen blev hon tvungen att leja bort. Sedan fick hon se. En morgon när hon kom lite senare till jobbet låg ett brev från bostadsrättsföreningen och väntade. Hon fick fortfarande den privata posten till jobbet. Vill dom hälsa mig välkommen rentav, tänkte hon. Nej, säkert bara informera om portkoden och reglementet.

"Då styrelsen i Bostadsföreningen Hejaren bedömer att Du inte har så god ekonomisk ställning som krävs för att inneha en bostadsrätt i föreningen, kan vi dessvärre inte bevilja dig medlemskap. Eventuella merkostnader för Dig i samband med köpet ligger utanför föreningens ansvar."

Line satte sig ner vid datorn och började sträcksurfa. Hon skulle leta fram var någonstans varenda styrelsemedlem arbetade och därefter ringa upp var och en för att utdela varsin ordentlig utskällning. Efter ett tag tröttnade hon på letandet. Det skulle ta hela dagen och då skulle hon lika väl kunna gå direkt hem till dem på kvällen i stället. Line hoppade över lunchen. Ibland följde hon med några av de andra ner på Swedborgs på Kungsgatan, andra gånger tog hon bara en sallad. Nu var hon allt för upprörd för att äta. På eftermiddagen hade hon lugnat ner sig så pass att hon kom på att hon både borde jobba och att hon faktiskt var jurist. En seriös och strikt jurist till och med, en sådan som inte lät känslorna ta överhanden. Bostadsrättsföreningen hade begått samma misstag som banken och inte gjort någon ordentlig efterforskning. De hade inte ens frågat. Bostadsrättsföreningen skulle inte vara någon match för Line, men hur roligt var det att bo i en förening där man inte kollade upp saker och ting bättre än så här? De trodde tydligen inte att hon efter att ha kastat upp 3,8 miljoner för att köpa in lägenheten skulle ha råd att betala avgiften på 2700 kronor varje månad. Dom ska nog inte behöva oroa sig.

Direkt efter jobbet gick Line till sitt blivande lägenhetshus på Kungsholmen. Ordföranden, en rundlagd kvinna på dryga 40, hade svart och lätt självlockigt hår. Line försökte se så oberörd ut som möjligt där hon stod i dörröppningen och presenterade sig och sitt problem.

- Ni har nog inte lagt märke till att jag har jobbat utomlands i sju år. Det är därför jag har så låg inkomst det år som kreditupplysningen avser.

Ordföranden behöll sitt neutrala uttryck och meddelade kyligt att beslutet var fattat enhälligt av styrelsen och att det inte skulle komma att ändras.

- Vi bedömer att du är fel person för vår förening, helt enkelt.

Line började vifta med sitt anställningsbevis som hon hade tänkt lämna in som ytterligare bevis och höll på att helt förlora fattningen, men lugnade sig och sa att enligt Bostadsrättslagen har ni ingen möjlighet att neka någon medlemskap så länge ni inte har några ordentliga skäl. Det här är inget skäl. Jag har ordentlig inkomst och ni kommer att förlora om jag driver fallet. Jag har ju betalat 3,8 miljoner och nu orkar jag inte börja om från början.

- Det där är bara juridik. Vi har gjort en bedömning, men okej. Jag ska ta upp det igen på nästa möte, men jag kan inte lova någonting.
- När är det då?
- Nästa söndag.
- Okej, men jag flyttar i alla fall in nu på fredag.
- Det blir i så fall på egen risk.

*

Det gick bra på visningen. Trots Johans otur i lägenhetssammanhang hade han aldrig haft några problem med att ständigt hitta nya andrahandslägenheter. Han hade ett hyfsat jobb och såg snäll och ordentlig ut. Det gillade dom som hyrde ut. De flesta ville hyra ut till en rökfri tjej i tjugofem-trettioårsåldern utan husdjur och utan barn, men med ett bra jobb. Det stämde bra in på Johan, med undantag för den lilla detaljen med könet. Tranebergsdamen skulle flytta till landet, men ville inte säga upp lägenheten förrän hon var hundra på att hon inte skulle komma tillbaka. Om allt föll väl ut och om Johan skötte sig, skulle hon till och med kunna tänka sig att överlåta lägenheten på honom. Som förstahandskontrakt! Eftersom Damens möbler skulle följa henne till landet kunde Johan ta med sig större delen av det han förvarade på Shurgard. Damen hade velat ha tre månadshyror i förskott. Hon ville försäkra sig mot opålitliga hyresgäster. Det hade hon varit med om förut och det var omöjligt att på förhand veta vilka som var oärliga och vilka som var att lita på. Det var inga problem för Johan så länge han fick nycklarna samtidigt med betalningen. Han hade hört talas om dem som låtsades vara innehavare av en lägenhet och lurade folk att betala in pengar i förskott. Man fick inte vara helt blåögd bara för att man var svensk. De hade träffats hemma hos Damen och ordnat med kontrakt och betalning. Samtidigt hade Johan kontrollerat att nycklarna verkligen passade. Det skulle bli härligt att äntligen ha en egen lägenhet. Han kanske blev boende här ett bra tag. Ett lugnt område och hyfsat nära till tunnelbanan. Det kunde knappast bli bättre.

*

Inflyttningen gick smidigt. Line såg varken till ordföranden eller någon annan i styrelsen på hela helgen. Hon sa inget till sin pappa och bror om att hon ännu inte hade blivit godkänd som medlem i föreningen. Dagen efter hon fick brevet, hade mäklaren kontaktat föreningen och förklarat för dem i styrelsen hur det låg till. Han berättade sedan för Line att det då och då hände att föreningar avslog ansökningar utan att tänka sig för. De tror att de själva kan välja vilka som ska flytta in. I själva verket kan de bara neka medlemskap om personen är dokumenterat olämplig. Måndagen efter hade hon fått ett nytt kuvert i brevlådan. Hon var nu en fullvärdig medlem i Bostadsrättsföreningen Hejaren, men redan innan hon hade hunnit flytta in var alltså fröet till syrliga relationer med styrelsen sått.

*

Cissi kände sig nöjd med att ha tagit saken i egna händer och bytt lås. Kattjejen verkade inte bry sig, fast där hade han enligt henne bara varit inne ett par gånger och då hade det varit något i badrummet som faktiskt var fel och skulle fixas. Värden fixade det inte själv, men skulle bedöma skadans omfång, påstod han. Fast hon hade hört talas om andra i huset som var missnöjda. Trots att Cissi nu var säker på att värden inte skulle vara inne i lägenheten kändes det ändå inte helt bra. Det kanske var dags att sätta in en bytesannons ändå. Hon hade bott här i nästan fyra år nu och det gick inte en dag utan att hon tänkte på hur liten lägenheten var. Hela förrådet var överfullt och för att få plats med så mycket som möjligt inuti lägenheten hade hon köpt typiska compact-livingattiraljer. Svängbara hyllor med multifunktion till exempel. Varje garderob och även en del av väggarna inne i lägenheten var försedda med praktiska lösningar för förvaring. Från golv till tak. Till och med insidan av garderobsdörrarna var indränkta av bälten och skärp.

Det gick över två månader innan hon hörde av värden igen. Det var lördag morgon och hon hade varit nere i tvättstugan då hon upptäckte att det låg ett kuvert under brevinkastet. Hon hade inte lagt märke till det tidigare så det måste ha kommit dit antingen medan hon var i tvättstugan eller någon gång under nattens lopp. Hennes namn var skrivet på kuvertet med maskinskrift. Även brevet var skrivet med hjälp av en vanlig gammaldags skrivmaskin. Språket var något högtravande, men det var ingen tvekan om vad som var innebörden. Cissi skulle bli tvungen att lämna en nyckel till värden.

"Av säkerhetsskäl åligger det hyrestagare att ge hyresvärd tillträde till hyresobjekt medelst överlämnande av minst ett fungerande nyckelsätt."

Hela låsprojektet hade alltså varit förgäves. Cissi skulle bli tvungen att ge hyresvärden nyckeln och då skulle hon vara tillbaka på ruta ett. Han hade alltså försökt gå in igen och då märkt att låset var utbytt. Cissi hade verkligen varit på G inför helgen, men nu kändes det som att hon bara ville sjunka ihop. I stället för att gå ner till Västermalmsgallerian knäppte hon på TVn och satte sig i soffan. Gomorron Sveriges kock var på sitt allra käckaste humör och avslöjade hur en medelhavssallad skulle slungas och sedan kryddas med något som ingen vanlig människa hade hemma. Det var likadant med dressingen. Cissi kände sig avtrubbad och ville helst gå ner i dvala. Efter ett tag somnade hon. När hon vaknade en timme senare försökte hon få tag i Line. Line var visserligen inte specialist på hyresjuridik, men hon visste i alla fall hur man borde tänka i ett sådant fall. Inget svar varken på mobilen eller på hemtelefonen. Hon var antagligen ute på någon typ av träning. Hon är så käck och hurtig den människan. Hon är till och med aerobics-instruktör. Först sent på eftermiddagen svarade Line på mobilen. Hon hade jobbat hela dagen och skulle bli tvungen att ta en sväng till kontoret på söndagen också. Nu på kvällen skulle hon mycket riktigt ta en löptur i Lill-Jansskogen bakom KTH. Sedan skulle hon ringa tillbaka. Hon kände en tjej som jobbade på Tingsrätten som kunde en del av det där. Line skulle se om det gick att få tag på henne.

- Det är lugnt, Cissi, sa Line när hon var tillbaka från löpturen. Det där håller inte vid en prövning. Det räcker att du är villig att släppa in honom eller reparationspersonal när något ska åtgärdas. Man kan inte ha krav på universalnycklar. I alla fall inte i den typen av fastighet.
- Men, vad ska jag göra. Han kräver ju in en nyckel.
- Bara ta det lugnt och låt honom agera först i så fall.
- Det känns äckligt i alla fall.
- Men, prata med honom då, så lugnar han sig säkert. Ibland är det bara det folk vill när dom är arga. Bli sedda liksom.
- Jag får se. Tack i alla fall.

Cissi bestämde sig för att ta upp saken med hyresvärden om han kom inom synhåll den närmaste tiden. Hon satte sig också ner och skrev ett par utkast till skriftligt svar, men tyckte inte att det blev något av det så de åkte i papperskorgen. Windows-papperskorgen.

*

Johan tog gratisbussen ut till IKEA. Han tänkte inte köpa några stora grejor just nu. Det fick vänta till efter flytten. Då var det lättare att se vad som fattades. Det skulle i alla fall bli skönt att kunna plocka fram elgitarren ur förrådet igen. Det hade inte gått att släpa förstärkaren fram och tillbaka mellan alla hans tillfälliga adresser. Den tog dessutom onödigt stor plats i alla de små och oftast fullmöblerade lägenheter han hade bott i de senaste sju åren. Det var ett tag sen han spelade på allvar och han skulle säkert vara rostig, men det var alltid kul att sitta och dra några riff. På korridoren hade han brukat köra lite covers när festerna hade nått den nivån på kvällen. Smoke on the water, Sweet home Alabama. Johan lämnade i alla fall IKEA nästan med fler saker än han kunde bära. Diskställ, handdukar, nya tallrikar och glas med mera. Damen skulle flytta ut till helgen och eftersom Johan redan hade fått nycklarna skulle det bara vara att åka direkt dit efter jobbet på måndagen, trots att det inte var den första förrän på torsdagen. Det innebar att han kunde lämna thailändarens lägenhet i förtid. Det tänkte han dock inte tala om för honom. Thailändaren skulle i alla fall få vänta med att flytta in till månadsskiftet. Trots sin lugna natur kände Johan ett visst agg mot thailändaren. Ibland kändes det som att infödda stockholmare var ett speciellt släkte som hade en speciell moral, fast det var säkert bara tillfälligheter. Folk var i allmänhet snabba att anpassa sig efter de förutsättningar som gällde. De såg över sitt eget hus och såg till att främst tänka på sig själva nu när situationen var som den var. Själv skulle han självklart ha låtit kontraktet löpa ut de tre månader som var kvar, men det var så han tänkte nu när det var han själv som var drabbad. Damen verkade i alla fall vara schysst. Hon var i 45-årsåldern och hade inga barn. Tänk om hon skrev över kontraktet på honom. Det skulle till och med kunna vara värt ett par tusen svart även om han var emot sådant av princip. Över huvud taget tyckte Johan inte om det som gjordes svart. Till exempel att folk jobbade svart. Han hade för det mesta röstat till vänster och tyckte det var en självklarhet att välfärden blev urholkad om allt för många jobbade svart och inte betalade in något till statskassan, samtidigt som de kunde tillgodogöra sig många förmåner ur den. Johan hade jobbat svart en gång. Eller rättare sagt många gånger fast på samma jobb. Den gången hade nöden ingen lag tyckte han. Han hade som mål att inte dra på sig för stora studieskulder och hade därför jobbat vid sidan om studierna i Lund. Problemet var att det var alldeles för lätt att nå taket för hur mycket man fick tjäna på en termin utan att studiemedlen skulle minskas. Han skulle ju inte klara sig om han inte fick något studiebidrag alls och dessutom skulle han förlora rätten till studeranderabatt på tåg och flyg. Därför blev det lite för svårt att motstå frestelsen att jobba ett par timmar extra i en skivaffär varje vecka. Det var inte att leva helt och hållet som man lär, men Johan hade på känn att Göran Persson klarade sig utan hans futtiga skatteinbetalning. Göran fick ju desto mer tillbaka när Johan väl började arbeta på riktigt.

Johan pressade in nyckeln i låset. Den kärvade först lite grand, men sedan gav låset med sig och dörren gnisslade ljudligt när den åkte upp på vid gavel. Vid 32 års ålder tog Johan sina första steg i den första lägenhet som han kunde kalla sin egen. Ljudet av skorna ekade när han gick genom den tomma lägenheten och ut på parkettgolvet i vardagsrummet. I ena hörnet låg några papperskassar och vid närmare rekognosering hittade han både dammråttor och ett kök som var långt ifrån minutiöst urstädat. I sovrummet hade det lämnats kvar en del möbler som inte såg ut att ha framtiden för sig. Han fick väl försöka slänga dem i någon container. Damen var kanske inte så perfekt i alla fall, men det spelade mindre roll en dag som den här. Johan gick ner till pizzerian och när han hade ätit gav han sig på att städa rent köket. Även toaletten behövde sig en ordentlig omgång. Johan bredde ut sovsäcken över liggunderlaget som han hade placerat mitt på vardagsrumsgolvet. I morgon skulle han i alla fall försöka få hit sängen. Resten skulle han få hjälp av Micke med, fast det skulle inte bli förrän till helgen.

Johan vaknade ganska tidigt och låg sedan vaken en stund. Han hade alltid svårt att sova på ett ställe han inte var van vid och i det här fallet gjorde det obekväma underlaget sitt till. Efter en halvtimme somnade han om och vaknade inte upp igen förrän kvart i nio. Han hade flextid så det gjorde ingenting, men planen hade ändå varit att gå upp före åtta. Det var skönt att ligga och dra sig, speciellt när man redan var försenad. Det var ingen större brådska. Det som fick Johan att gå upp var i stället den tjej som plötsligt uppenbarade sig i dörröppningen. Han hade inte haft säkerhetskedjan på och måste ha slumrat till igen för han hade inget minne av att ha hört låset öppnas.

- Vad gör du i min lägenhet, undrade tjejen.

*

Cissi ångrade att hon inte hade ringt upp hyresvärden direkt efter den gången han hade lämnat brevet om nycklarna. Nu var det snart jul och Cissi hade trott att värden hade gett sig och att det inte skulle hända något mer. I stället hade hon hittat ännu ett brev på hallmattan, där det stod att det var förbjudet att hålla husdjur i lägenheterna. Det kändes nu som att det var uppenbart att hyresvärden hade gått in för att bli av med henne. När hon hade ringt upp honom hade han i och för sig varit jättetrevlig. Cissi hade förklarat att hon gärna står till tjänst och låser upp lägenheten om någonting måste göras, men att hon inte vill att vare sig han eller någon annan ska ha en kopia. Det här med husdjuren förstod hon inte alls. Det var ju fler än hon som hade husdjur. Kattjejen en trappa ner till exempel. Hyresvärden förklarade då att det fanns ett problem med allergi just på Cissis våning och att hon därför var tvungen att göra sig av med katten eller flytta, men det hoppades han verkligen inte skulle bli nödvändigt eftersom Cissi verkade vara en så bra och trevlig tjej. Så om hon bara ville ge honom en nyckel och skänka bort katten så skulle allt ordna sig. Cissi försökte också redogöra för rättsläget och menade att det inte höll att förbjuda katter i lägenheter eller att kräva in nycklar. Det hade Lines tjejkompis också sagt. Så länge det inte går att påvisa att katten har orsakat någon konkret skada eller störning, går det inte att förbjuda henne att ha katt. På det hade hyresvärden inget svar, utan menade att så gick det inte till här och det bästa är att samarbeta för att nå en så bra lösning som möjligt.

Cissi vidtog inga åtgärder. Förutom att se på bytesannonser. Det fanns ett flertal sajter på nätet där man kunde byta lägenhet mot lägenhet. Det var sida upp och sida ner med folk som ville byta. De flesta ville så klart byta upp sig. En förortslägenhet mot en innerstads eller en liten innerstadslägenhet mot en större, precis som Cissi ville göra. Det verkade som att man fick ligga i om man skulle kunna få till någonting. Hon hade också bestämt sig för att inte acceptera några svarta pengar. Det var annars något som man fick räkna med för att kunna byta upp sig. Även om lägenheterna var prisreglerade hade de ett ganska exakt värde i folks medvetanden. Det var sällan någon släppte en bra lägenhet ifrån sig utan att kräva någonting emellan. Först skulle hon försöka sig på att byta sin etta mot en större tvåa i området runt där hon bodde. Det kanske fanns någon som var ute efter att få lägre hyra och därför ville gå med på ett sådant byte. Sedan var det kruxet med hyresvärden också. Han kunde få för sig att säga nej till bytet. Vad skulle hon göra då? Det fanns ett regelverk som behandlade sådant. För att enligt lagen ha rätt att byta sin lägenhet måste man ha ett beaktansvärt skäl, till exempel att det kunde påvisas att man behövde kortare resväg till jobbet eller att man behövde en större lägenhet. Det hade Cissi absolut behov av. På en del sajter kunde man också fixa triangelbyten. Det ökade chansen att få till ett bra byte som gjorde att alla parter blev nöjda.

Veckan före jul kom det ytterligare ett brev i lådan. Det var en hyreshöjning. Det var inte alls dags för hyreshöjning. Den förhandlades ju genom Hyresgästföreningens försorg en gång om året, på våren. Det här rörde sig tydligen om en extra höjning. Mycket riktigt. När Cissi kollade med kattjejen hade hon inte fått någon höjning.

"På grund av ökade kostnader har din lägenhet belagts med 700 kronors höjning. Din nya hyra är från årsskiftet 3800 kr."

Cissi ringde till värden på en gång och undrade hur det kunde komma sig att bara hon fick höjning. Det fick han erkänna att han hade glömt att skriva, men det berodde på de ökade kostnader som hennes katt medförde. Han skulle bli tvungen att vidta extra åtgärder, till exempel trappstädning, på grund av att en del på hennes våning var allergiska.
- Vilka är det som är allergiska? Vilka är det som har klagat?
- Dom vill inte stöta sig och har därför önskat att få vara anonyma.

- Jo, det klart att han vill bli av med dig, sa Line när Cissi ringde upp. Han måste själv vara medveten om att det inte håller att helt plötsligt dela ut en höjning bara till en enda person. Det är mer en slags trakasserier. Men vi lämnar in en anmälan om hyreshöjningen till Hyresnämnden nu när vi har något konkret att gå på. Sen håller han nog tyst.
- Ja, jag ska verkligen jobba på med att försöka byta bort lägenheten också. Det här funkar ju inte i längden.

Line tryckte på mobilens avsluta-knapp och återgick till målandet. Hon var snart färdig med vardagsrummet och tänkte ge sig på sovrummet också när hon ändå var igång. Köket var tiptop. Killarna hade verkligen gjort ett bra jobb. Hon hade satsat på trä rakt igenom och alla vitvarorna var av stål. Ett tag hade hon varit inne på att slopa köksbordet och i stället ha en köksö där man kunde stå och laga och förbereda maten, fast planlösningen medgav inte det. Det var synd om Cissi. Det hade verkligen kört ihop sig. När hon ringde sist hade Line haft det på tungan, men svalt det i sista stund. Cissi var inte i form att höra ännu en berättelse från utlandet. Det hon hade velat berätta var att hon också hade haft en knepig värd i Bryssel. Han hade inte velat reparera någonting av det som gick sönder trots att det stod klart och tydligt uttryckt i kontraktet. Det hon gjorde då, var att hon sade upp den lägenheten och flyttade in i en annan. Det tog bara ett par dar, fast för en svensk är det knappast någon tröst att veta att det varken finns köer, bytesproblematik eller svarthandel i speciellt många andra länder än Sverige. Cissi måste ju anpassa sig efter det system hon lever i. Det måste till och med jag, tänkte hon sen. Fast jag ger mig inte så lätt. Jag följer med Cissi till Hyresnämnden. Det är en lekmannadomstol så hon behöver ingen advokat egentligen, men det kommer att kännas tryggare för henne.

*

Det var inte bara den tjejen som hade väckt Johan på morgonen som hade hyrt lägenheten. Det visade sig att det fanns ytterligare en person som menade att det var han som var den rättmätige hyresgästen. Alla tre hade betalat runt 15 000 kronor var i deposition. Damen var drogberoende och hade vid ett tidigare tillfälle lurat av minst fem personer pengar. Lägenheten innehades egentligen av hennes mor som vistades på sjukhem. Under tiden bodde Damen i lägenheten till och från. Den här gången hade Damen fått till ett grundligt bedrägeri. Förutom att ha lurat tre personer på depositionspengar hade hon sålt de av möblerna som gick att sälja. Dessutom fanns det en person som påstod sig ha betalat 200 000 för att få överta kontraktet. Svartaffären hade gått att genomföra tack vare fullmakter från modern som inte längre var helt tillräknelig. Normalt utreder Polisen inte svartaffärer. Det är tillåtet att köpa svart, men inte att sälja. I det här fallet gick bytet som förutsatte svartaffären tillbaka och den som hade köpt svart kunde naturligtvis inte förvänta sig att få några pengar tillbaka. Det kunde inte heller de tre som hade betalat depositionshyra. Damen hade ingenting av pengarna kvar och några utmätningsbara tillgångar fanns inte att tillgå.

Senare på hösten blev det neddragningar på företaget Johan jobbade på. Företaget hade klarat sig från dot.com-döden i början på millenniet genom ett väl upparbetat kundnät, men nu hade kostnaderna ökat i större utsträckning än intäkterna. Johan klarade sig från första omgångens nedskärningar, men ett par månader senare likviderades företaget och ett franskt företag tog över kunderna. Det franska företaget återanställde en del av personalen, fast inte i fasta tjänster utan i projektform. Johan var en av dem som fick nytt förtroende. På det stora hela hade Johan ändå varit ganska lyckosam på arbetsmarknaden. Han hade fått jobb direkt efter utbildningen. Det var under högkonjunkturen i slutet på 90-talet. Nu var situationen helt annorlunda. Det fanns arbetslösa ingenjörer i parti och minut och det var likadant med i stort sett alla kategorier av akademiker. Många av dem som hade satsat på utbildning stod nu med 400 000 i studieskulder och stora svårigheter att komma in på arbetsmarknaden och räntan var inte ens avdragsgill i deklarationen. Det var heller inte alltid ett medvetet val att börja studera. Det fanns oftast inte så många jobb för dem som saknade utbildning heller och därför fick de ofta rådet att skaffa sig utbildning. För Johans del hade det varit precis så. Han hade aldrig haft något större intresse av gå på universitetet, utan hade tänkt göra som alla andra. Skaffa ett jobb nära hemkommunen och leva och verka där. I början av 90-talet när lågkonjunkturen härjade som värst fanns det inte speciellt många jobb att välja bland, så efter ett par års arbetslöshet och diverse arbetsmarknadspolitiska åtgärder sökte Johan in till Tekniska högskolan i Lund. Han var kanske inte urtypen för en ingenjör, men var ändå hyfsat tekniskt intresserad. Rådet han hade fått var också att det var bättre att studera någonting, än att inte studera alls. Utbildning lönade sig alltid i längden. 90-talets lågkonjunktur och strukturrationalisering var den kraftigaste som hade hemsökt Sverige sedan 30-talsdepressionen och den drabbade främst dem som inte hade någon erfarenhet. Stod man utanför arbetsmarknaden och ville komma in på den, krävdes det att man redan hade erfarenhet med sig i bagaget. Det fanns knappt några företag eller ens offentliga arbetsplatser som anställde någon som saknade erfarenhet framför någon som hade jobbat ett par år. Johan fick problem med äldre släktingar och kompisar som redan jobbade. Enligt dem var han för bekväm. Han måste, enligt dem, söka jobb och inte bara sitta hemma och vänta på att något skulle hända. Johan kontrade med att han hade sökt hundratals jobb utan att någonting hade hänt. Det var svårt att redogöra för sådana sammanhang för folk som under sitt vuxna liv aldrig hade haft några problem med att skaffa jobb. De tillhörde en annan generation och tänkte inte på att tiderna hade förändrats på ett radikalt sätt. När de var unga och hade kommit ut på arbetsmarknaden, var det helt andra förutsättningar som gällde. De möttes med öppna armar av arbetsgivare som inte kallade till intervjuer med personlighetstester och ställde intervjufrågor om hur man såg på sig själv som mellanbarn i syskonskaran. Johan fick inte ens någon arbetslöshetsersättning på den tiden, eftersom sådan ersättning förutsatte att man redan hade haft ett jobb. Situationen var likartad nu på 2000-talet. Det fanns allt för många utbildade till allt för få jobb. Det fanns högskolor och universitet i nästan varje liten stad nu för tiden och de bjöd över varandra med lockelser om kvalitativa utbildningar som alla hade framtiden för sig. Problemet med att utbilda Europaekonomer eller IT-dietister var att arbetsgivarna inte kände till att de utbildningarna existerade. De satsade hellre på studenter från de gamla och etablerade institutionerna. Det var ju ingen brist på sådana. Det fanns naturligtvis ändå ett stort behov av utbildning och kunskap i samhället, men felet var att det inte utbildades några entreprenörer. Utbildningarna syftade i stället till att de färdiga studenterna skulle få anställning i den offentliga sektorn eller i privata företag. Det var därför 50 färska IT-dietister knappast kunde förvänta sig arbeten i linje med sin utbildning.

*

Binge var kompis med Micke. Han var urstockholmare från förorten. Han hade aldrig tagit det här med bostadsmarknaden på riktigt allvar. Sånt brukade fixa sig. Binge var pratglad och kände folk lite överallt. Så hade det i alla fall varit tidigare. Numera hade folk som Binge kände bildat familj. Det var inte så många som hade tid att ta en öl längre. Det var barn som skulle matas och skjutsas hit och dit. Man umgicks inte med folk som hade barn. Man hälsade på dem. Om de hade tid. När Binge var liten tog han sig runt på egen hand. Det gjorde man på den tiden. På Binges tid. För 20 år sedan. Det var på den tiden det inte fanns Internet och mobiltelefoner. Binge hade gått fyraårig teknisk på gymnasiet och sedan börjat på Ericsson. Det hade rullat på. Hyresrätten i Skärmarbrink hade varit riktigt mysig. Förfesterna var otaliga, men allt har ett slut. Man måste röra på sig. Det naturliga steget kom när Binge träffade Mia. Hon hade en trea så Binge bodde hos henne för det mesta. Sin egen lägenhet behöll han. Det var lite upp och ner med Mia så det blev aldrig bestämt att de skulle flytta ihop på allvar. Samtidigt hade Binges hyresvärd börjat omstrukturera. Han hade släktingar som ville flytta in i fastigheten och skulle dessutom renovera. Därför undrade han om inte Binge tänkte säga upp sin lägenhet snart med tanke på att han ändå aldrig var där. Han skulle i vilket fall som helst få en ganska kraftig hyreshöjning efter renoveringen, hade värden antytt. Binge ville inte säga upp lägenheten nu när det var som det var med Mia. Han behövde ha en lägenhet i bakfickan. Till slut fick Binge ett besked om uppsägning i brevlådan. Han skulle få tre månader på sig sedan skulle lägenheten renoveras och en ny hyresgäst skulle flytta in till dubblerad hyra. Binge var inte van vid sådant och kände sig helt ställd. Han tänkte först på att ignorera uppsägningen och helt enkelt vägra flytta. Husockupation. Senare fick han ett tips från Hyresgästföreningen om att lämna in en anmälan till Hyresnämnden. Så här skulle det inte få gå till, menade de. En hyresvärd kunde inte höja hyran hur som helst och kunde naturligtvis inte heller kasta ut en hyresgäst som hade skött sig utan anmärkning. I Hyresnämnden hade ändå Binge fått en chock. Hyresvärden lade fram Binges elräkning som bevis på att han inte använde lägenheten speciellt mycket. Mot det hade inte Binge någonting att invända, men han förstod inte vad det hade med saken att göra. Hyresvärden hade väl inte med hans privatliv att göra. Det måste i stället ses som positivt att han inte använde lägenheten så mycket. Då minskade ju slitaget. Hyresnämnden dömde till hyres-värdens fördel och Binge blev tvungen att flytta. Enligt Hyreslagen är det nämligen bara den som kan påvisa ett reellt behov av att bo i en lägenhet som har rätt att göra det. Binge ansågs inte ha ett nog starkt skäl för att få bo kvar.

Binge bodde en kortare tid hos Mia, men sedan tog förhållandet slut för gott. Då stod Binge plötsligt på bar backe och på Bostads-förmedlingen fanns inte några lägenheter att få. Några riktigt pålitliga kontakter fanns heller inte att tillgå. Det fick bli kompisars kompisars andra- och tredjehandslyor. När Micke hade börjat på Ericsson blev det kul igen. Kick-offs och fester. Det var inte bara han som var ny i firman. Det kom ett helt gäng och tiderna var lysande. Sen vet vi hur det gick. Nedskärningar och arbetslöshet blev vardagsmat. Den senaste tiden hade Binge varit frilansande datareparatör. Det gav några tusen svart varje månad i tillägg till A-kassan. Binge var redan framme i bostadskön men det hjälpte inte. Han hade varit på hur många visningar som helst, utan att få någonting. Hur då inte fått någonting, undrade hans kompisar. Är du framme i kön så är du väl framme i kön. Nej, det är alltid flera på visningarna. Sedan väljer hyresvärden den som han tycker verkar passa bäst. Passa? Hur då passa? Ja, har högst inkomst eller nånting. Vad vet jag. Eller har rätt hudfärg. Till slut insåg jag att det inte ens hjälpte om jag var ensam intresserad av en lägenhet. På bostadsförmedlingen förklarade dom att både allmännyttiga bostads-företag och privata värdar nästan alltid krävde fast anställning. Pengar är ju inget problem för mig. Det rullar in stålar hela tiden så jag erbjöd mig att betala tre hyror i deposition, men det hjälpte inte och skulle jag ha haft någon betalningsanmärkning hade det varit samma sak. Dom som har det får inte heller några lägenheter hur mycket pengar dom än har i bakfickan. När jag frågade tjänstemannen om inte Allmännyttan skulle vara till just för dem som hade det svårt, höll hon med, fast det gällde tydligen bara dem som hade det svårt samtidigt som de hade fast anställning och saknade betalningsanmärkning och dessutom hade bra referenser. Jag har läst att en tredjedel av dem som står i bostadskön tjänar över 35 lakan i månaden.

I december sa Mickes hyresgäster upp sig. De hade trivts jättebra, men hade köpt en bostadsrätt i samma område. Det blev billigare på längre sikt. Micke funderade på att byta trean i Hägersten mot en etta inne i stan. Där fanns det alltid folk som var trångbodda. I många av ettorna i innerstan bodde det par som ibland ynglade av sig. Det gick knappast att bo i en etta om man hade barn. Kunde han genomföra bytet skulle det ge väl så mycket i andrahandshyra. På sikt skulle det också vara möjligt att få till en försäljning eller kanske byte mot en sommarstuga.

Micke och Binge satt på Thai-haven och tog en snabb tisdagsmiddag. För 15 år sedan hade de garanterat suttit på en pizzeria. Nu för tiden var Thaimat att betrakta som svensk husmanskost. Det gick att få Paengcurry och citrongräs i nästan varje gathörn. De första matställena som hade kunnat rucka på svenskens matvanor, som dittills hade bestått av korv, mos och fläskkotlett, var just pizzeriorna. Det hade tagit sin början i de större städerna. Därefter hade de bit efter bit koloniserat och lagt hela landet under sig. I varje svensk by med över 50 invånare, där det för övrigt inte gick att uppbringa någon som helst service, kunde man alltid hitta en pizzeria. Posten och banken hade slagit igen, den sista konsumbutiken hade lämnat byn för 15 år sedan och bensinstationen hade inte ens sedelautomaten kvar. I ett sådant läge kunde man vara säker på att det runt hörnet väntade en glad invandrare som serverade kebab, pizza och dessutom kycklingsallad till frugan. Sedan kom kinarestaurangerna och en och annan indier. 80-talet tillhörde salladsbarerna. 90-talet var hamburgersnabbmatens gyllene decennium och samtidigt hade det fåtal japanska restauranger som fanns gått över till att fokusera på sushi. Något år senare var det lika enkelt att äta rå fisk som att beställa pizza. De mångtaliga kina-restaurangerna var i början på millenniet tvungna att gå över till att servera thai, eller åtminstone göra ett tillägg om att man hade både kina och thaimat. Just nu var det vietnamesiskt och mellan östern som var på frammarsch. Det återstod att se om vietköket skilde sig tillräckligt från thaimaten för att kunna slå igenom på allvar.

Binge hade ingen fast adress längre och letade lägenhet. Det var svårt. Visst kunde han tänka sig att bo ute i spenaten också, fast då måste det vara någonting som var fast. Inget andrahandskör. Micke berättade att han förmodligen skulle ha en lägenhet på söder att hyra ut i februari eller mars. Han höll just nu på med att förbereda bytet. Han hade haft kontakt med sju-åtta par som var villiga att byta. En del ville ha pengar emellan, men Micke tyckte att det var en fair deal att ge en trea i utbyte mot en innerstadsetta. Micke ville helst inte hyra ut till någon han kände. Då skulle han bli tvungen att ge någon slags kompispris även om det priset skulle vara dubbelt så högt som lägenhetens egentliga hyra. Det bästa vore att få tag i någon ensamstående kille som jobbade i hög ställning och ville bo centralt. Då kunde han få ut åtminstone åtta-nio tusen för en etta. Dessutom kunde man aldrig veta med Binge. Ena månaden hade han pengar, andra månaden ingenting utöver a-kassan. Å andra sidan skulle han få en stabil hyresgäst som skulle bo kvar under lång tid och inte ställa till med något krångel om värden skulle börja ana oråd.

- Vi skulle kunna säga 7000 i månaden som kompispris, fast jag är inte säker ännu. Vi får se senare. Hur länge bor du kvar där du bor nu?
- Det är till februari ut, så det skulle passa bra.

Nu blev Micke tveksam. Skulle han ändå köra med kompispris kunde han likaväl ge lägenheten åt Johan. De kände varandra bättre. Micke hade inte lovat Binge någonting ännu, så han ringde upp Johan och undrade hur läget var.

- Jag har en etta på gång på Söder. Intresserad?
- Jo, för fasen. Jag har ju bott inneboende sen jag blev blåst på Tranebergslägenheten så det vore kanon. Vad ska du ha för den?
- Jag kan ju få niotusen om jag annonserar ut den, men vi kan säga sju som kompispris och du kan ta med hur mycket möbler du vill. Den kommer att vara helt tom.
- Låter bra.
- Fast jag måste få igenom bytet först. Det kan ta ett par månader, men vi får höras.

*

Julen hade varit lugn. Som vanligt hade Cissis föräldrar varit på henne om problematiken med barnbarn. Det var inte alls fråga om subtila antydningar om att föra släktet och släkten vidare, eller några trevande frågor om hon hade hittat någon "som hon tyckte om". De ville helt enkelt veta när det skulle ske. Hoppet verkade stå till henne. Varför visste hon inte. Systern var yngre och skulle funka utmärkt som reservlösning för barnbarnsproduktion. Kanske var de rädda för att Cissi skulle hamna på glasberget och att det sedan skulle vara för sent för henne. De hade ju själva bott i Stockholm, så de borde veta att folk var singlar längre där. En del skaffade aldrig barn heller. Kanske ville dom inte helt enkelt. Fast att, som föräldrarna hade gjort när de bodde i Stockholm, bo i en villaförort kunde vara ett värre barnfamiljsparadis än en normal svensk småstad. I förortsvillorna bodde det uteslutande barnfamiljer. De kände väl sig tvungna att flytta ut dit för att barnen skulle få en så trygg och skyddad uppväxt som det bara var möjligt. I villaidyllen drogs cykelvägarna på speciellt skyddade cykelbanor med tunnlar under minsta väg, noggrant separerade från övrig trafik. De pappor och mammor som någon gång sågs cyklandes var precis som sina telningar försedda med stryktåliga cykelhjälmar. Föräldrarna bar inte hjälmarna i pedagogiskt syfte, utan för att de hade insett att de under den tiden som låg före föräldraskapet hade handlat oansvarigt och okunnigt eftersom de inte hade haft förstånd att bära hjälm. Det senaste året hade det smugit sig in en katt bland hermelinerna. Helt utan varningstext hade studsmattorna dragit in i var och varannan villaträdgård. Barnen hoppade upp och ner utan någon som helst kontroll. Det som lät som ett oskyldigt och kontrollerbart nöje, gav i själva verket en hel del armbrott som resultat. Det var när barnen kom snett och gjorde en oberäknad landning som underarmarna kom i kläm under kroppen och bröts av.

I vilket fall som helst var det inte så lätt. Skulle man bara slå till på första bästa kille och börja producera barn? Det klart att hon skulle vilja ha familj hon också, fast det var inte som på hennes föräldrars tid. Det var till och med svårt att ens få syn någon kille som var singel, än mindre någon som var tänkbar. Du är väl för kräsen, brukade hennes mamma säga. Ja, det var ju inte lika enkelt som på 60-talet i alla fall. Då verkade det som att man bara kunde gå till första bästa folkpark och ta sig en svängom och sen var det klart. Du som är så söt, Cissi. Jo, det fanns väl dom som hade försökt sig på det ena och det andra och en del av dem hade hon så klart både besiktigat och provat ut, men det var antingen för mycket eller för lite. Av någonting, vad det nu än var.

-På vår tid var det inte så tekniskt, hade Cissis mamma sagt.
-Vi satt inte med en lång lista på egenskaper och förutsättningar som skulle vara uppfyllda för att partnern skulle duga till att bilda familj med. Om man träffade någon som verkade trevlig så var det positivt. Det andra fick komma efter hand. Då var det mer naturligt att man bildade familj och sedan fick man jobba med de bitar som eventuellt var knepiga. Allt kan inte gå på räls hela tiden.

-Nä, men er generation har väl också slagit rekord i antalet skilsmässor, hade Cissi kontrat med.

Föräldrarnas generation av glada 40-talister hade också helt andra förutsättningar. De behövde inte tänka på att gå fem år på universitet för att skaffa sig studieskulder och en utbildning som sedan ledde till arbetslöshet eller ett mindre bra betalt jobb i den offentliga sektorn. På sjuttiotalet kunde vem som helst köpa sig en villa. Staten gav till och med så stora räntesubventioner att de i praktiken fick betalt för att bo. Subventioner och inflation översteg kostnaderna för räntorna. Det gick också att stanna hemma med barnen ett par år. Helt utan statlig hjälp. Cissis mamma hade inte börjat jobba förrän hon och systern började skolan och de kom ändå från ganska enkla förhållanden. Jag skulle ha tyckt att det hade varit fantastiskt att få studera och vidga vyerna lite, men det var inte många som gjorde så på vår tid, hade Cissis mamma sagt.

Cissi stannade i Eksjö ända till dagen före nyårsafton. Det blev en del kortare släktbesök och lite oseriöst arbete på torpet. Torpet var egentligen inte ett torp. Möjligen såg det ut som ett sådant. Det var en liten gård där hennes farfar hade växt upp. Nu var marken avsåld och Cissis föräldrar hade tagit över stället och använde det som sommarstuga. Hade hon varit en riktig stockholmare hade hon sagt att hon skulle till sitt Land. Det var så charmigt när dom uttryckte sig så. Det lät som om dom hade köpt in helt främmande land någonstans i bortre Asiens bergstrakter, komplett med kung och allt, när de i själva verket menade sin sommarstuga. För en stockholmare var allt utanför tullarna att betrakta som landsort. På torpet fanns både toa och dusch och badsjö. När Cissi var liten hade hon varit där mycket om somrarna. Ett tag hade hon och systern haft en häst som de skulle sköta gemensamt. Ett litet Gotlandsruss som hette Manda. Det hade varit kul i ett par år, sedan var det ingen av dom som ville sköta om den längre. Hästen hade krävt daglig tillsyn. Den skulle ryktas och utfordras och stallet måste mockas ut från hästgödsel. Nu var det antagligen tänkt att Cissi eller systern skulle bli så pass intresserade att någon av dem skulle kunna ta över torpet. Det skulle väl vara kul, men man kunde ju inte hålla på och åka till Eksjö i tid och otid, även om kommunikationerna var hyfsade.

Nyårsafton var privatfesternas högtid. Knappt någon gick ut på stan. I alla fall inte före midnatt. Cissi hade inte fått en enda seriös festinbjudning det här året. Nyår och midsommar. De var säkra indikatorer på hur populär man var i de olika bekantskapskretsar man rörde sig. Fast det verkade å andra sidan inte vara så många andra hon kände som skulle på nyårsfest heller. Helena kände en kille på Valhallavägen som skulle ha en happening efter klockan 12. Det skulle bara vara ett slags mingelparty så Cissi var välkommen hon också.

Cissi tog med sig Line till festen. Hon var egentligen bjuden till en fest som en av träningsinstruktörerna hade ordnat, men kände inte för att gå. Hon visste att en av killarna som skulle dit var intresserad av henne, fast det var nog bara ett svepskäl, erkände hon för sig själv. Hon föredrog att gå på en mer avslappnad mingelfest med Cissi i stället för trerätters och bordsplacering. Nyårsfester hade en tendens att bli så pretentiösa. Förväntningarna på att allt skulle vara så lyckat och att alla skulle ha så roligt, kunde lätt mynna ut i att man helt plötsligt satt i ett hörn och var skitfull och ville gå hem. Mingelfesten blev riktigt kul tyckte både Line och Cissi. Först hade allt känts lite Östermalms och ovant, men det var mest ett intryck. Säga vad man vill om Östermalmarna men duktiga på att parta är dom. De träffade på folk med lite olika bakgrund. En göteborgstjej menade att det var överdrivet att säga att göteborgare var trevligare än stockholmare. Okej att man kunde tjöta lite med någon på spårvagnen, men det var svårt att få något vettigt ur dom, tyckte hon. Det uppstod dock lätt missförstånd om man kom som göteborgare till Stockholm. Dels var det svårare att göra sig förstådd eftersom stockholmare inte är överdrivet ironiska och dels fanns det stockholmare som förväntade sig att alla göteborgare automatiskt skulle vara goa och roliga hela tiden.

- Vi ska upp i Nämnden den 2 februari, förresten, sa Cissi. Jag har betalat den nya hyran precis som du sa. Det var knappast någon idé att öppna konto hos Länsstyrelsen för en så liten grej. Får vi rätt är det bara att dra av beloppet på nästa hyresavi.
- Hur bor du Helena, undrade Line.
. Bostadsrätt numera. Vi ombildade för ett par år sedan. Det var som att få en vinstlott. Insatspriset sattes så lågt att månadskostnaden ungefär skulle motsvara den hyra vi hade. Jag skulle kunna sälja lägenheten nu och gå med en miljon i vinst, fast var skulle jag då bo någonstans?
- Jo, sa Cissi, man kunde önska att vi också kunde få till en ombildning så skulle jag slippa allt strul med värd och byten.
. Du börjar tänka osvenskt, sa Line och skrattade försmädligt.
- Här på Östermalm har vi till och med haft lokalpolitiker som har jobbat för oss, sa en Östermalmskille som hade lyssnat på samtalet. En av dom skickade ut ett flygblad där han lovade att det inte skulle införas marknadshyror så länge hans parti fick bestämma.
- Jaha, var det en sosse som ville locka väljare då, sa Cissi.
- Nej då. Det var en riktig blåmoderat som ville värna de väljare han redan hade. Om det införs marknadshyror skulle vi som bor i hyresrätt i innerstan förlora på det. De som bor i förorter skulle snarare tjäna på det. Min hyresreglerade etta kostar dubbelt så mycket ute i Bredäng eller någonstans. Det är för att bruksvärdeshyran är högre i nyare områden än inne i stan.
- Och så skulle bostadsrättspriserna sjunka om man avreglerade, flikade Line in.
- Ja, det också. Så jag som har en ärvd hyresrätt röstade givetvis moderat, fast det hade jag väl sannolikt gjort ändå. Det finns ingen politiker som på allvar skulle våga propagera för marknadshyror.

- Nä, det är ju bättre att stå i öststatskö, sa Line spydigt.

- Ja, vi vet hur det är utomlands, Line. Vi har hört det förut. Ta ett glas vin till. Vin är kaloririkt. Det behöver du efter all din träning, sa Cissi och nöp henne i skinnet.

- Jag är välproportionerlig, replikerade Line.

- Men, jag tycker ändå att ni har ett bra system här i Stockholm, sa Göteborgstjejen. Ni har ju en bostadsförmedling. Man kan bara gå in på deras hemsida och kolla hur lång kötiden är. Då vet man hur många år man behöver vänta.

- Hur är det i Göteborg då?

- Det finns ingen kö utan man anmäler sig till de lägenheter man är intresserad av. Sedan bestämmer bostadsbolaget vem som ska få lägenheten. Det kan ta två månader eller 10 år. Man har ingen som helst koll. Det är bolagen som bestämmer.

- Finns det inga allmännyttiga bolag då, undrade Cissi.

- Jo, det är dom det gäller. De privata gör väl likadant i och för sig, men det har dom ju alltid gjort. En del har i och för sig köer.

- Ett brunt kuvert innehållande papperslappar med bilder av nedgrävda gamla farbröder på, är vad jag skulle rekommendera i det här fallet, sa Line och höll på att skratta ihjäl sig.

- Jo, mutor förekommer. Det har man ju hört, sa Göteborgstjejen.

- Stockholmare och bostadsmarknaden är i alla fall ett klockrent samtalsämne på fester. Det är alltid någon som har varit med om något konstigt. Det är som om stockholmarna aldrig har lämnat nedersta steget i Maslows behovshierarki, sa Helena som hade läst psykologi. Vi står och stampar längst ner och väntar på att vi ska få den grundtrygghet som gör att vi kan börja förverkliga oss själva. Det funkar ju inte om man måste ägna större delen av sin fritid till att leta efter bostad eller att flytta sina saker mellan tillfälliga lägenheter och förråd. Till och med att byta lägenhet är ett helt företag som ta flera år att få till.

- Ja, varför behöver man inte stå i kö när man ska hyra förråd, sa Line så "tyst" hon kunde.

*

Johan hade tillbringat hela julledigheten hemma hos föräldrarna. Det var lika bra det eftersom han ändå inte hade någon ordentlig bostad i Stockholm. Det här året räckte det att ta två dagars semester för att få en lång och sammanhängande ledighet på 14 dagar. När det gällde lägenheter hoppades han en hel del på Mickes erbjudande, fast sådant visste man aldrig säkert. Det var bäst att leta vidare på egen hand ändå. Bland det första som hände när Johan kom tillbaka till Stockholm var att han fick napp hos Bostadsförmedlingen. Den bostadsförmedling som han hade köat hos under nästan åtta års tid. Johan brukade vara inne på Bostadsförmedlingens hemsida i stort sett varje vecka och lämna intresse för ett tjugotal lägenheter. Hittills hade det aldrig hänt att han hade blivit utplockad som möjlig hyresgäst för något av objekten. Det berodde på att han inte hade tillräckligt lång kötid. Det var det man gick efter i den första urvalsprocessen. Sedan var det upp till fastighetsägaren att välja ut den som passade bäst. Exakt vad de gick på visste han inte, men att inkomst var en viktig faktor sade sig självt. Johan hade också gott om bra referenser, eftersom han hade bott på så många ställen. Blondinen med hallen och nyckelskåpet var han dock tvungen att tala tyst om i de här sammanhangen.

Johan skulle gå och se på två lägenheter redan den första veckan. En tvåa i Bagarmossen och en annan tvåa i Hässelby. Det var på helt olika sidor om stan. Det spelade inte Johan någon större roll var lägenheten var belägen så länge det inte var för långt ifrån tunnelbanan. Han jobbade för det mesta i city. Det skulle ta max en halvtimme att ta sig in till stan både från Bagarmossen och från Hässelby. Hässelbytvåan var relativt nybyggd och kostade 7600 kronor i månaden. Då ingick det också tvättmaskin och torktumlare i lägenheten. Det var mest par på visningen och den som förevisade den erkände att det skulle kännas bäst att hyra ut den till ett par eftersom det då skulle finnas två inkomster att betala hyran med. Tvåan i Bagarmossen var en traditionell folkhemslägenhet byggd på 50-talet. Den hade sovrum, vardagsrum, kök och till och med en liten balkong som vette ut mot ett skogsparti. Hyran låg på 5200. Hade han fått välja fritt mellan de två hade han tagit Bagarmossen. Det kändes närmare till allt och hyran var dessutom lägre. Nu var det bara att vänta och se vilken hyresgäst Svenska hyresbostäder skulle välja till lägenheten i Bagarmossen.

Johan gick direkt ner i Tunnelbanan och tillbaka hem till rummet i Liljeholmen, som blev hans nödlösning efter att ha blivit lurad av Tranebergsdamen. Han bytte till spårvagn vid Gullmarsplan. Det tog lika lång tid, men det var trevligare att åka spårvagn när det nu ändå fanns en. Andra gånger när han hade varit på visning, hade han efteråt gått omkring i området för att orientera sig om var närmaste affär, bank och annat som kunde vara intressant var belägna. Nu hade han blivit så gammal i gamet att han inte lade ner tid på sådant. Det fanns ingen anledning att börja planera för mycket innan allt var klart till 100 procent. När Tranebergslägenheten var aktuell hade han börjat planera resvägen till jobbet, möjliga matställen och joggingrundor redan flera veckor innan han skulle flytta in. Den här gången tog han det piano.

Tjänstemannen på det kommunala allmännyttiga bostadsbolaget Svenska hyresbostäder gick ännu en gång igenom de sökande till en tvåa i Bagarmossen som skulle hyras ut från och med januari. Förteckningen hade kommit från Bostadsförmedlingen. Bolaget lämnade flertalet av sina lediga lägenheter till Bostadsförmedlingen, såvida de inte var vikta till några speciella personer. Det var bolagets policy. Av de tusentals personer som hade lämnat intresse för lägenheten i Bagarmossen hade Bostadsförmedlingen plockat ut fem stycken av dem som hade tillbringat längst tid i förmedlingens kö. Förteckningen innehöll alla nödvändiga personuppgifter. Personnummer, årsinkomst, referenser från tidigare boende och referenser från nuvarande arbetsgivare. Det första han brukade titta på var årsinkomsten. Var den för låg var det bara att lägga ansökningen åt sidan. Efter visningen hade ägt rum skulle han få en klarare bild av vilka som var mest lämpliga för att få sig lägenheten tilldelad. En vanlig kategori sökande var ensamstående föräldrar. Där blev proceduren mer omfattande eftersom det ofta kunde röra sig om personer som arbetade deltid och dessutom var beroende av underhållsbidrag. Då kunde det ta tid att få rätt på intyg och referenser. En annan kategori var alla dem som hade stått i bostadskön under lång tid, men som saknade fast inkomst. Även om de gick på vikariat eller jobbade på bemanningsföretag, sågs de inte som optimala hyresgäster. Det första steget i rekryteringsprocessen var förstås kreditupplysningen. Idag togs kreditupplysning på alla som kunde vara aktuella för en uthyrning. Fanns det betalningsanmärkningar spelade det ingen roll hur hög årsinkomsten var. Då blev det ingen lägenhet hos Svenska hyresbostäder i alla fall och sannolikt inte hos något annat bolag heller. Idealet för en tvåa av den här storleken var att ett arbetande par hyrde den tillsammans. Nog för att en ensamstående skulle klara av hyran. Så hög var den inte, men fanns det två inkomster att tillgå tenderade man också att välja den typen av sökande som hyresgäster. Det var också bolagets policy att i första hand se till att skaffa hyresgäster som kunde betala för sig. Syftet med uthyrningsverksamheten var, förutom att tillhandahålla bostäder av god kvalitet, att ha en så god ekonomisk ställning att inte kommunens ekonomi äventyrades. Tanken var i stället att bolaget skulle bidra med vinstmedel till kommunens resultaträkning. Det föll sig dessutom naturligt eftersom kommunstyrelsen ofta beviljade förmånliga lån till bolaget, som det annars skulle ha fått betala dyrt för på den öppna lånemarknaden. Någonstans i en grå forntid hade man haft expansionsplaner och också haft högre ställda mål som gick ut på att de bostadssökandes önskningar skulle tillgodoses och att köerna skulle kortas. Numera lät man köerna leva sitt eget liv. Om man förbyggde sig skulle det inte dröja länge innan man stod med outhyrda lägenheter och det skulle i förlängningen drabba skattebetalarna i form av neddragen service eller höjd kommunalskatt. Dessutom var det så klart en fördel att ständigt ha en kö av sökande med god ekonomi som var beredda att flytta in med kort varsel. Mer än en tredjedel av de sökande i Stockholms bostadsförmedlings kö hade en årsinkomst som översteg 450 000 kronor. Därför var det ett givande samarbete att anlita dem i stället för att själva ligga ute med kompetens på rekryteringsområdet. Nu försåg Bostadsförmedlingen dem med all nödvändig grundinformation. För att vara aktuell som hyresgäst i ett allmännyttigt bostadsbolag var man alltså tvungen att ha stabil ekonomi och goda referenser från tidigare boende. Det blev nästan som en paradox att många människor med låga inkomster och trassliga förhållanden i övrigt, satte så stor tilltro till kommunala bostadsbolag som de fortfarande verkade göra. Det var ytterst sällan någon ur den kategorin kunde komma i fråga som hyresgäster. Flertalet av dem som sökte bostäder hos Svenska hyresbostäder hade redan en bostad. Antingen hyrde de i någon kranskommun eller så bodde de i bostadsrätt. Förhoppningen om att kunna köa sig till en billig hyresrätt i innerstan var i praktiken väldigt begränsad. Han förmedlade sällan några kontrakt som gällde innerstan. Den nyinflyttning eller omflyttning som skedde där var nästan uteslutande svartaffärer. Skulle man hårddra det, hyrde allmännyttiga bostadsbolag i Stockholm främst ut lägenheter i ytterområdena av senare produktionsdatum och därmed högre hyror till låg- och medelinkomsttagare. De mer attraktiva lägenheterna i innerstan som dessutom var billigare, omsattes sällan och var i praktiken öronmärkta för mer kapitalstarka personer som kunde trolla fram ett par hundratusen svart. En slags omvänd Robin Hoodpolitik som ledde fram till märkbar segregering. Att arbeta inom Allmännyttan var en ganska behaglig tillvaro. Hade han jobbat med att hyra ut kontorsfastigheter hade han suttit i en betydligt osäkrare sits. Där kunde företagen utsättas för konkurrens och vikande efterfrågan, vilket kunde leda till både hyressänkningar och rationaliseringar inom företagen. Genom Allmännyttans samarbete med Hyresgästföreningen undveks den typen av fluktuationer. Tack vare att det alltid fanns kö, kunde Allmännyttan år efter år presentera förslag till hyresökningar som täckte in samtliga de kostnadsökningar som Allmännyttan ansåg sig ha. Därmed fanns det ingen anledning att bedriva något eget rationaliseringsarbete. De gånger Hyresgästföreningen lyckades få igenom hyreshöjningar som understeg inflationen var lätträknade.

Beskedet från Bostadsförmedlingen kom ganska snart, det hade inte blivit någonting med vare sig Bagarmossen eller Hässelby. Vad det var som hade fällt utslaget visste inte Johan, men det var antagligen av mindre vikt. Nu var han i alla fall framme i kön och det skulle bara vara en tidsfråga innan han skulle hitta någonting. När Micke hade ringt ännu en gång för att höra om han fortfarande var intresserad hade han sagt ja. Det gällde att hålla alla dörrar öppna helt tills det hade ordnat sig. I början av februari gick Johan på en visning vid Gullmarsplan. 4200 kronor i månaden i ett funkishus. Det lät nästan för bra för att vara sant. Strax utanför Innerstan, och han som bara hade åtta års kötid att gå på. Man kunde nästan ha fog för att misstänka att något hade blivit fel och att erbjudandet skulle dras tillbaka, men ingenting hann hända innan Johan gick på visningen.

*

Micke var oftast ute hos kunder, men den här dagen satt han på kontoret hela dagen. Han hade ingen fast arbetsplats eftersom han så sällan var inne. Det var likadant med de andra konsulterna. Det fanns ingen anledning att ta upp dyrbar kontorsyta genom att ge var och en ett personligt utrymme. I stället fick de som för tillfället var inne, sätta sig vid en ledig plats någonstans i kontorslandskapet. Som konsult var Micke tvungen att fakturera minst 80 procent av en tänkt veckoarbetstid på 40 timmar. Hur mycket han jobbade utöver normal veckoarbetstid för att komma upp i sina 80 procent, eller hur mycket mer än 80 procent han lyckades fakturera, var av underordnat intresse. På ett så pass litet företag märktes det på ett mycket mer handfast sätt att faktureringen var företagets enda intäkter och att det fanns ett samband mellan intäkterna och företagets lönsamhet och också den enskilde konsultens löneutveckling. Företaget hade som delmål att inte utvecklas till en stor och klumpig organisation där det drevs stora projekt och kringarrangemang som gjorde att verksamheten blev svår att överblicka. Den typen av organisation krävde betydligt större intern kontroll för att kunna växa utan att det gavs avkall på kvalitet och effektivitet. För Micke passade jobbet perfekt. Egentligen tyckte han själv att han passade bäst som egen företagare, men i konsultrollen fick han ändå utlopp för viss kreativitet även om hänsyn till kundens önskemål måste komma i första rummet. Det var alltid en balansgång mellan att eventuellt ge avkall på sin egen professionella bedömning och att ge kunden känslan av att vara med och bestämma. Ibland kunde kundens förslag vara direkt olämpliga, men i ett längre perspektiv kunde det bästa vara att ge kunden tillfälle att sätta sitt signum på projektet. Micke behövde lugna dagar på kontoret ibland. Det var så mycket som skulle finjusteras, testas och undersökas. Allt var långt ifrån självklart och vissa saker måste stämmas av med kollegornas erfarenheter från tidigare projekt. För Micke var det viktigt att göra ett bra jobb. Långt viktigare än det faktum att han var välbetald och kunde leva ett bra liv och ha kul på fritiden. Han kände till konsulter som gjorde halvdana eller rentav dåliga insatser, men som inte reflekterade nämnvärt över det. De var lika glada ändå. Micke tog sällan lunch när han satt på kontoret. På sin höjd blev det en snabb macka som han hade köpt i tunnelbanan på vägen dit. Den här dagen gjorde han ett undantag från sina rutiner och gav sig ner till ett enkelt ställe som serverade pajer, soppor, pastarätter och liknande. Han köpte en kycklingwrap och gick och satte sig på en hög pall med utsikt mot gatan. Redan vid den första tuggan fick han en klick av dressingen på kostymbyxorna. Han försökte torka av den så gott det gick, men insåg snart att det skulle bli nödvändigt med ett besök på kemtvätten. Hela dagen hade varit lite småstrulig. Han hade inte kunnat koncentrera sig lika bra på jobbet som han normalt gjorde. Tidigare i veckan hade han först ringt Binge och hört hur det var på lägenhetsfronten. Han hade varit på hugget och verkade sugen på att flytta in i lägenheten på Söder. Micke hade då försökt tona ner det hela och menat att man aldrig visste hur det skulle gå med bytet. Det kunde bli strul när det var två olika hyresvärdar som var inblandade. Det skulle naturligtvis vara enklare att tala om för Binge att han hade ångrat sig och hellre ville hyra ut till Johan, fast det var å andra sidan alltid bra att ha någon annan i bakfickan. Micke hade också ringt till Johan för ett par dagar sedan för att kolla om han fortfarande var intresserad. Han bodde tydligen kvar i Liljeholmen och hade ingenting annat på gång. Det som komplicerade det hela ytterligare var att han hade en kund som var på jakt efter en lägenhet i innerstan och han erbjöd hittelön. Micke hade sagt att han kanske kunde få loss en etta på Söder om priset var det rätta. Och det var det. Svarta börspriserna hade stigit rejält de senaste åren. För de 30 kvadratmeterna hade Micke blivit erbjuden 600 000 kontant. Det skulle ge betydligt mer än att hålla på och trixa med uthyrningen. Problemet var också här att kunden hade lagt ut flera krokar. Kunden skulle föredra Kungsholmen eller Vasastan, hade han sagt, men när Micke hade beskrivit lägenheten och läget hade han ändå verkat seriöst intresserad. Det kändes inte bra att ligga ute med erbjudanden till tre personer på en gång. Egentligen var det helt onödigt, men när man väl kommer in i systemet är det lätt att ryckas med. Det blev lätt till en härva av lögner och komplicerade konstruktioner. Till slut kom han fram till att han skulle säga nej till både kunden och Binge och i stället satsa på Johan. Det skulle vara det enklaste. När det hade lugnat ner sig lite skulle han i stället lägga ner lite på att få lägenheten såld till bästa möjliga pris. Fram till dess skulle det passa både honom och Johan bra att ha honom som hyresgäst. Johan skulle inte komma med några orealistiska krav och han var dessutom dokumenterat skötsam.

På eftermiddagen fick Micke besked om att bytet hade gått igenom. Han skulle få tillträde till ettan på Söder direkt. Ungefär samtidigt kom det ett mail från Johan. Han hade fått lägenhet genom Bostadsförmedlingen och tackade därför nej till att hyra ettan på Söder. Micke slängde ett mail till kunden och meddelade han nu hade ettan klar för eventuell affär. Det kom inget svar förrän två dagar efteråt. Då skulle kunden se på en lägenhet i Vasastan, men han skulle höra av sig efteråt och berätta vad han hade bestämt. En vecka senare ringde Binge och undrade hur det gick. Han funderade på en andrahands ute i Haninge, men ville hellre hyra av Micke. Det ser bra ut, sa Micke. Bytet har inte gått igenom ännu, men när jag snackade med dom senast såg det mycket bra ut. Det ska bara vara en formalitet.

- Vi satsar på att du kan flytta in vid månadsskiftet, fast jag säger till när jag är hundra.
- Okej. Schysst. Vi satsar på det, sa Binge.

*

Line hade jobbat hårt med lägenheten och nu kände hon att den började bli klar. På lördagen hade hon tagit en tur till Granit och ROOM för att köpa de sista småprylarna. ROOM var normalt en butik man bara gick till för att titta och få inspiration. Priserna låg på skalans övre del och inte ens Line tyckte att det var värt pengarna, men den här gången var det bara fråga om att köpa en minihylla och några vaser. Line hade inte satsat så hårt på den senaste statusindikatorn, köket, men det var ändå betydligt fräschare än i en standardlägenhet. Varenda inredningstidning var full av reportage om överdådigt inredda kök som förmodligen kostade skjortan. Hos Line var diskmaskinen och de övriga vitvarorna av stål och keramikspisen matchade det svarta kaklet. Någon induktionsplatta brydde hon sig inte om. Skåp och dörrar var i ek. Badrummet var det som hon tyckte hade blivit mest lyckat. Hon hade lyckats få tag i en specialdesignad toalettstol som gick att sätta fast på väggen och hela badrummet var inkaklat med polerad svart diabas, med undantag för en mönsterbård som löpte i olika riktningar längs väggarna. Tidigare hade det bara funnits en duschhörna. Nu hade Line satsat på ett inmurat badkar med utsida av sjösten. Det var ingen äkta jacuzzi, men det fanns tre inbyggda munstycken i badkarets kant som kunde spruta ut finfördelade vattenstrålar. Belysningen, också den inbyggd i väggarna, gick att reglera för att kunna ge möjlighet till relaxkänsla. Badrummet påminde mer om ett romerskt bad än om ett svenskt badrum. Om tio – femton år skulle hon kunna komma att få problem med eventuellt stambyte, men det fick det vara värt. På tio år kunde mycket hända. Dessutom skulle rören fortfarande vara i gott skick efter stambytet som gjordes för 47 år sedan. Sovrummet hade ekparkett och svagt softade väggar. Vid sidan av sängen mot långväggen hade hon placerat fem stora garderober med spegeldörrar. Hallen var försedd med ovala speglar av mindre format och längre upp mot taket löpte en lång, enkel hylla längs med hela väggen. Vardagsrummet såg ut som hämtat ur en inredningskatalog. Ett lågt, minimalistiskt bord som hade sällskap av två breda tvåsitssoffor som gick i ljusbeige. På sidorna stod långsmala lampor med vita cylinderformade skärmar i papptyg. Matbordet var i massiv ek och stolarna hade höga ryggar med svart klädsel. Line hade satsat på utbyggbara hyllsektioner i wenge. Sektionerna var kubformade och levererades fyra och fyra.

Line hade inte sett till någon av damerna i styrelsen på länge. Det fanns även herrar i styrelsen, men det var ingen tvekan om vilket kön som var det täcka i den här bostadsrättsföreningen. Inget av de meddelanden som med jämna mellanrum hamnade i bostadsrättshavarnas brevlådor var någonsin undertecknade av någonting annat än damer. Dessa två damer i styrelsen, ordföranden och sekreteraren, som exakt visste hur man angjorde bryggor. Hon hade ofta lekt med tanken att hon skulle låtsas göra avbön och be om en plats i styrelsen. När hon väl hade kommit in skulle hon börja möblera om ordentligt. Hon skulle ändra på varenda regel som fanns och påpeka de juridiska felsteg som föreningen redan hade begått. Hon hade till exempel sett att reglerna för andrahandsuthyrning inte hade någonting med verkligheten att göra. Det blev nog ofta så i bostadsrättsföreningar, att de som satt i styrelsen var osäkra på vad som gällde. I den här föreningen verkade man vara bombsäkra på vad som gällde. För en bostadsrättsförening var det ofta svårt att få medlemmarna att engagera sig, så de hade kanske i grund och botten inte världens enklaste jobb heller. Line tyckte det var synd att det inte fanns några lägenheter med enskild äganderätt att köpa i Sverige. Då skulle det inte finnas någon förening som kunde lägga sig i vad man gjorde. Man fick helt enkelt komma överens om hur man skulle sköta de gemensamma ytorna. Det innebar sällan något problem. En mycket bättre variant, tyckte Line. En bostadsrättsförening var som gjord för att skapa onödiga konflikter.

På torsdagen skulle Line och Cissi till Hyresnämnden. Ärendet gällde en tvist om nivån på Cissis hyra. Line hade hjälpt Cissi med att formulera ansökan. De ville, kort sagt, att hyreshöjningen skulle ogillas på grund av att det inte fanns någon saklig grund för höjningen. Cissi var den enda som hade fått höjningen och det fanns ingenting som tydde på att det verkligen existerade någon som var allergisk mot katten. Cissi hade ringt på och frågat folk på hennes våningsplan och ingen av dem visste om att någon skulle vara allergisk. Även om så vore fallet var det långsökt att påstå att det skulle rendera ökade kostnader för hyresvärden. Line såg sessionen i Hyresnämnden som en formalitet. De borde ha rätten på sin sida, fast hon kände ändå ett sting av oro. Hyresnämnden fanns inte till för att skydda hyresgästen mot otillbörligt beteende från hyresvärden. Nämndens uppgift var att se till att Hyreslagen efterföljdes. Det fanns gott om rättsfall där Nämnden hade gått på hyresvärdens linje, till och med i fall som för en lekman framstod som solklara. Till exempel fanns det hyresvärdar som av någon anledning ville bli av med sina hyresgäster. De kunde då gå till Hyresnämnden och bevisa att personen i fråga inte bodde i sin lägenhet i tillräcklig utsträckning. Mickes kompis till exempel. Han hade tillbringat så mycket tid hos sin flickvän att hyresvärden kunde visa till att elräkningen var så låg att hyresgästen inte kunde anses använda lägenheten i tillräcklig utsträckning. Därför blev Hyresnämndens utslag att hyresgästen kunde vräkas. I Sverige har man nämligen inte rätt att bo i en lägenhet bara för att man betalar hyran. Man måste ha ett motiv till att bo. Det är samma sak som att en biluthyrare skulle vägra att hyra ut till folk som kör för kort sträcka. Anledningen till lagens skrivsätt och Hyresnämndens agerande är att hyresrätter i Sverige ses som en bristvara som bara speciellt behövande ska få äran att nyttja. Utomlands är hyresrätten en dussinvara som vilken annan vara som helst.

Mötet var satt till att börja klockan 10.15. Klockan 10.30 hade fortfarande inte hyresvärden eller något ombud för honom infunnit sig, varför Hyresnämnden i dennes frånvaro fattade beslut om att ogilla hyreshöjningen och ge Cissi rätt att få tillbaka den överhyra hon hittills hade betalat in. Cissi torkade svetten ur pannan och kände sig lättad över att inte ha varit tvungen att sitta öga mot öga med värden. Line tyckte mest det var en spännande erfarenhet. Hon fick i sitt nuvarande jobb sällan tillfälle att i verkligheten komma till någon domstol, av vilket slag de än må vara.

- Hur går det med bytet då, frågade hon Cissi.
- Det går trögt. Det är så många annonser att plöja igenom och när man väl ringer eller mailar vet de inte riktigt hur de vill ha det. Det är i alla fall ytterst få som vill byta bort någonting i innerstan. Däremot har jag fått hundratals påstötningar om treor i Gröndal, Sköndal, Blåsut och alla möjliga konstiga ställen man aldrig har hört talas om.

Efter två månaders letande hade Cissi fått tag på en tjej som bodde vid Fridhemsplan. Hon hade en liten tvåa som hon tyckte var för dyr. Hyran var bara 1300 kr högre än vad Cissi betalade, men det skulle hjälpa till en hel del tyckte hon och skulle verkligen vara värt ett byte. Hon hade börjat studera och ville ha ett billigare boende. Det var dyrt nog som det var i Stockholm med allting annat. Tjejen var liten, tunn och nästan försynt. Så där som en del är. Bad nästan om ursäkt för att hon fanns till, svarade artigt på alla frågor och tackade, skrattade och ursäktade sig hela tiden. Tvåan hon ville byta bort var en originaltvåa. Alltså inte en etta med kök där matrummet hade konverterats till sovrum. Den var bara på 41 kvadrat, men det var ändå stor skillnad mot Cissis etta. Ett extra rum är värt hur mycket som helst. Hon och tjejen var hemma hos varandra och tittade och allt verkade kunna ordna sig. Cissi sa ingenting om sin egen värds negativa sidor och enligt tjejen skulle hennes värd vara helt okej. Det var det allmännyttiga Stockholmshem. De hade många lägenheter, men brukade inte ställa till något krångel om man ville hyra ut i andra hand eller om man ville ändra någonting i lägenheten. När de skiljdes åt sista gången, tog de varandra i hand som ett tecken på att de var överens. Papperna var påskrivna och de skulle nu bara skickas in och godkännas av respektive värd. Precis när Cissi hade vänt sig om och skulle stänga dörren om sig och gå ner för de tre trapporna till Fridhemsgatan, pep tjejen till. När Cissi tänkte på det efteråt, hade det faktiskt verkat som att den lilla, försynta tjejen under hela mötet hade haft något på hjärtat som hon inte riktigt fick fram, men nu kom det.

- Jag hade tänkt 200 000 emellan. Är det okej?

Så var det med det. Den lilla snälla tjejen ville ha betalt för att byta ner sig 13 kvadratmeter och man kunde egentligen inte klandra henne. Skulle hon vilja ha en större lägenhet när hon hade slutat studera skulle hon bli tvungen att betala för sig igen. Cissi beslutade sig i alla fall för att vara principfast. Hellre en lägenhet utanför innerstan än svarta pengar. Tjejen fick leta vidare och försöka hitta någon som var mer betalningsvillig. Det var synd att hon skulle dra på det in i det sista. Hon hade väl hoppats på att Cissi själv skulle ta upp ämnet, men det vore ju onaturligt eftersom det var hon som var i underläge och hoppades på att slippa betala svart. I och för sig hade hon 200 000 och mer därtill. Hennes föräldrar hade sparat vartenda öre av hennes och systerns barnbidrag på banken. Man sparade i alltid på bankkonto på den tiden, men det var pengar som hon inte ville använda förrän det var dags att köpa något ordentligt, som till exempel en villa eller en sommarstuga. Om den tiden någonsin skulle komma.

När Cissi gick hem från snälla svarttjejen passerade hon Hyresgäst-föreningens huvudkontor. Mitt emot kontoret, på andra sidan gatan figurerade Hyresgästföreningen också på en reklampelare. "Vår storlek – Din trygghet." Hon hade ibland tänkt på att gå med i Hyresgäst-föreningen. De kanske skulle kunna hjälpa till med skumma värdar och andra problem. Det som fick henne att tveka var när hon såg en reklamfilm på bio med Hyresgästföreningen. Hur kunde de ha råd med så stora reklamkampanjer överallt? Och varför ökade hyrorna hela tiden med större procentsatser än inflationen? Nu när Hyresgäst-föreningen hade förhandlingsmonopol verkade det meningslöst att de lade ner så mycket tid och pengar på att sluta dåliga avtal. Det vore ju bättre att indexreglera hyrorna i stället. Cissi kom på sig själv med att tänka i samma banor som Line. Hon hade inte tagit upp sin fundering med Line och tänkte inte göra det heller. Då skulle Line bli eld och lågor och spä på med öststatsmetaforer där en trojka bestående av Allmännyttan, Hyresgästföreningen och staten satt och blåste de stackars hyresgästerna, allt medan de bostadslösa stod förnöjda med mössan i hand och försökte trixa med sina kölappar.

*

Lines samhällsfientliga ådra var som vanligt påkopplad. Direkt efter incidenten med vårdcentralen förra hösten hade Line slagit till. Hon hade gjort en Göran Persson. Det vill säga skaffat sig en privat sjukförsäkring för att slippa stå i kö om hon blev sjuk. Nu hade knappast Göran och hans kollegor i riksdagen köpt någon försäkring. De fick helt enkelt privat sjukvård genom avtal. Försäkringen kostade Line drygt 10000 kronor per år och det inkluderade allting, från vanlig undersökning till alla former av operationer. Det var ett billigt sätt att ta sig förbi köerna, tyckte Line, med tanke på att hon redan nu betalade drygt 60 000 kronor i landstingsskatt. I och för sig gick inte hela landstingsskatten till sjukvård, men i alla fall. Skulle hon ha köpt en sjukvårdsförsäkring för 60 000 kronor skulle hon ha kunnat få sjukvård till både sig själv, Cissi och Cissis katt och ändå få pengar över. Hade förresten någon någonsin hört talas om en katt som hade dött i veterinärskön? Line hade redan börjat förhöra sig om möjligheterna att få ett förordnande. Helst utanför Europa, men hon skulle även kunna tänka sig att återvända till den fransktalande delen. Så slapp hon gå omkring i Stockholm och reta upp sig på den svenska modellen och dess chimära trygghet som hon så många gånger hade längtat efter när hon bodde utomlands.

Ingen hade någon vettig förklaring till varför Johan hade fått lägenheten vid Gullmarsplan efter bara åtta års kötid. Kanske var det för kort varsel för de andra eller så var det ingen som tyckte om planlösningen. Den normala kötiden låg på minst 10 år. Det var inte världens fräschaste lägenhet, men helt klart beboelig. Mycket av inredningen var original eller uppiffat original. Det var väldigt få detaljer som var utbytta. Ett undantag var golven som någon gång under 70-talet hade fått plastmattor inlagda jämnt över. Toaletten var charmig. Det inkaklade badkaret och därtill hörande vattenkranar var definitivt original. Vitvarorna härstammade också de från 70-talet. Alla köksskåpen såg ut att vara original. Det fanns till och med kvar ett par av de där små trågen av glas som man kunde förvara mjöl och socker i. Köket var ganska stort, men rummet var betydligt mindre än vad som var normalt. Det fanns heller ingen balkong. Johan var i alla fall nöjd med lägenheten. Om inte Stockholmshem hade några större planer på att renovera skulle han kanske kunna göra några mindre grejor på egen hand. Med det här läget skulle han kunna byta till sig en minietta i innerstan eller en större lägenhet lite längre ut om han någon gång skulle vara i behov av en sådan. Perfekt. Johan hade i alla fall definitivt tackat nej till Mickes erbjudande. Han skulle förmodligen sälja den svart i stället. Lika bra det. Vad skulle Micke med en hyresrätt till? Han hade ju redan så det räckte. Johan hade inga kontanta medel att slänga fram, annars hade han kanske varit mer intresserad av Mickes lägenhet. Det skulle nog krävas bortemot halvmiljonen om inte mer. Fast egentligen gillade han inte svartaffärer.

Inte långt efter det att Johan tackade nej till att hyra Mickes lägenhet hade kunden hört av sig till Micke igen. Micke hade visat honom lägenheten och han hade kommit fram till att den här lägenheten skulle passa hans dotter perfekt. Wollmar Yxkull låg i hjärtat av Söder. Det var nära till både Mariaplans T-bana och Södra station. Dessutom gångavstånd till Götgatan och Katarina Bangata där pulsen fanns. Kunden skulle ta hand om det praktiska och oavsett vad omkostnaderna för svartaffären blev, skulle det finnas 600 000 åt Micke samma dag som skenbytet var klart. Som förberedelse till bytet hade Micke satt upp namnlapp på dörren och hade också registrerat ett telefonabonnemang på lägenheten. Det skulle göra bytet mer trovärdigt. Då skulle det se ut som att Micke hade haft för avsikt att bo i lägenheten om någon skulle komma på tanken att göra efterforskningar.

Tjänstemannen på det kommunala allmännyttiga bostadsbolaget Svenska hyresbostäder hade blivit kontaktad av sin vanliga kontakt. Den här gången gällde saken en etta på Söder. Det var helt uppenbart att det rörde sig om en svartaffär. Normalt kunde kontakten hantera svartaffärer helt på egen hand, men den här gången ville han ta det säkra före det osäkra. Det var mycket pengar som stod på spel och eftersom ettan på söder nyligen hade bytts mot en trea i Hägersten var det allt för uppenbart att ytterligare ett byte, svartbytet, bara en månad senare skulle se misstänkt ut. Därför behövde kontakten tjänstemannens hjälp. Han hade ställt upp förut, men hade tydligt gjort klart att det inte fick bli en vana. Det var riskabelt och kunde, om det ville sig illa, orsaka att tjänstemannen förlorade sitt jobb. Så länge det begränsade sig till en eller två affärer per år skulle det kännas okej att se mellan fingrarna när han skrev på papperna och därmed godkände bytet. För besväret med ettan på Söder skulle tjänstemannen få 70 000 kontant. Det skulle inte ske någon typ av inbetalning som i framtiden skulle kunna spåras till honom utan det var rena svenska sedlar som gällde. Det var egentligen inte mer än rätt att tjänstemannen skulle få sin del av kakan, nu när det ändå var som det var. I stort sett alla byten i innerstan var svartaffärer. Den som lämnade stan eller som ville ha en mindre lägenhet, sålde sin hyresrätt och tjänade samtidigt flera hundra tusen på det. Dessutom kunde man säga att den som köpte svart slapp omaket att punga ut med betydligt mer för en likvärdig lägenhet på bostadsrättsmarknaden. Bostadsrättsmarknaden var helt oreglerad medan hyresrätterna till 100 % var reglerade. Därför steg priserna för borätter medan hyran för hyresrätter var fixerad och inte heller speglade den prisdifferentiering som automatiskt uppkom för villor och bostadsrätter. Hyrorna var på grund av bruksvärdessystemet oftast lägre i innerstan än i förorterna.

Nu var det bara 10 dagar till Binge skulle flytta in i Mickes lägenhet. Han behövde beställa flyttbil och eftersom det började dra ihop sig hade han försökt nå Micke på mobilen i flera dagar. Han hade inte svarat. Efter ytterligare några dagar hörde Micke dock av sig via mail. Han hade inte fått besked om bytet hade gått igenom ännu. Nu blev Binge lite smått orolig. Han hade ju inte något annat på gång, utan hade utgått från att Mickes byte skulle gå igenom. Binge väntade ända till dagen före det var meningen att han skulle flytta in och ringde upp Micke på jobbmobilen.

- Jag fick besked idag. Bytet gick inte igenom. Det var dom jag bytte med som hade en knepig värd som inte ville godkänna bytet.

- Vad synd, men nu har jag ju ingenstans att bo. Kan jag bo i din trea tillfälligt tills jag hittar något nytt? Den står väl tom nu när bytet inte gick igenom, sa Binge.
- Nä, det funkar inte för dom som bodde där tidigare ville bo kvar ett tag till. Deras lägenhet var inte inflyttningsklar ännu. De skulle lägga om golvet först, ljög Micke.
- Vi hörs!
- Vi hörs?

*

Cissi kände sig uppeldad efter incidenten med den snälla svart-tjejen. Hon insåg att det skulle bli för svårt att göra någon typ av bytesklipp utan att betala svart emellan. Hittills hade hon haft flera personer och till och med par hemma hos sig på visning i sin lilla etta. Någon gång hade hon själv gått på visning, men lika ofta stod det ganska omgående klart att det inte skulle bli någonting. Det var aldrig någon som tog upp det här med betalningen redan från början, utan det brukade komma helt i slutet av det första mötet. Cissi skulle helt enkelt få acceptera ett sämre läge om hon skulle kunna få en större lägenhet och det ville hon verkligen. Speciellt med tanke på hur konstig hyresvärden var. Cissi hade försökt byta sin lägenhet i snart ett halvår nu och ville äntligen få det undanstökat. Hon raderade alla sina bytesannonser från nätsajterna och satsade på en helt ny sajt som hon lade ner stor energi på för att lägenheten skulle se seriös och säljande ut. Hon lade också upp bilder på alla skrymslen och vrår. Inte för att den var så tiptop, men det var enklare att folk såg exakt hur den såg ut, i stället för att hon skulle bli tvungen att ta hem folk på visning som klagade på planlösningen eller skicket. Det kom in en hel drös med svar från folk som ville byta lägenheter i alla möjliga förorter. En del svar kom också från folk som ville byta tvåor i någon närförort, men det som började intressera Cissi allt mer var Fredhäll. Fredhäll låg utanför själva stadsbebyggelsen men fortfarande på Kungsholmen och viktigast av allt, innanför tullarna. Det fanns en del som hade lämnat intresse. De hade både stora ettor och små tvåor. Ettor där matrummet var ombyggt till sovrum var inte aktuella. Däremot fanns det en del tvåor som var över 40 kvadrat och som samtidigt hade två små, men ordentligt planerade rum. Det brukade också finnas ett litet kök som man till nöds kunde sitta i. Fredhäll var ett blandat område med funkislägenheter från 30-talet och en del folkhemslägenheter från efterkrigstiden. Sedan dess hade inte mycket hänt och det var något som fortfarande satte sin prägel på området, även om det numera var ovanligt med toa och dusch i källaren. Så pass mycket hade i alla fall förändrats. Den lägenhet som lät mest intressant låg ganska centralt i området, nära Fredhällskiosken. Det innebar att hon skulle kunna ta bussen direkt in till stan eller gå ner till tunnelbanespåret som löpte genom parken nedanför Fredhäll. Det skulle bli betydligt längre väg till jobbet, men om hon tog bussen skulle den effektiva restiden vara ungefär lika lång som när hon tidigare hade gått från Hantverkargatan. Tjejen som ville byta hade tidigare varit sambo, men det hade tagit slut och nu ville hon dels ha lägre hyra och dels bo mer centralt. Därför tänkte hon passa på att byta. Redan första gången Cissi ringde till tjejen gjorde hon klart att hon inte var intresserad av att betala svart. Det var helt okej för tjejen. Hon var bara ute efter att få lägre hyra. Cissi var först hemma hos henne och kollade in lägenheten. Den var ungefär som hon hade förväntat sig. Badrummet var relativt nyrenoverat och passade egentligen inte ihop med lägenheten för övrigt. Det hade blivit gjort senaste gången stammarna byttes. Tidigare hade det bara funnits toalett i lägenheten. Då hade de hade haft gemensamma duschar i källaren, men nu hade väggen till en garderob slagits ut för att göra plats till både dusch och toa. Dessutom hade lägenheten fint, framtaget trägolv. Det gillade Cissi.

- Det är jättenära ner till badklipporna och kallbadhuset också. Det tar bara två minuter så är man där. Jag brukar gå hem från jobbet ibland när jag inte har så bråttom. Det är faktiskt inga problem att gå ända in till City.
- Hur är värden då?
- Jo, dom är jätteschyssta. De känns nästan mer som föräldrar än som hyresvärdar. De har inte så många lägenheter. Varje gång man träffar dem undrar de om det är något som behöver åtgärdas. Nej då. Inga problem där. Hur är din?
- Jodå. Han är helt okej, sa Cissi.

Fredhällstjejen blev nöjd med lägenheten på Hantverkargatan och Cissis hyresvärd gjorde inga som helst invändningar utan skrev på papperna med en gång. Han var väl glad att bli av med henne. Han var nog inte van vid något motstånd från små, söta flickor.

*

I slutet av februari hade isen äntligen lagt sig på Mälaren. Efter en hopplöst mild januari hade vinden börjat ligga på från norr och det fanns nu, med ett fåtal undantag, brukbar is ända från Kungsängen och in till Riddarfjärden. Line hade skippat den numera traditionella lördagssessionen på jobbet och planerade i stället en härlig eftermiddag på långfärdsskridskor. Hon hade försökt få med sig några killar från jobbet, men de hade fastnat på krogen på fredagskvällen och hade tydligen kommit fram till att de hade det trevligare hemma i sängen än ute på isen. Långfärdsskridskor var annars den enda riktigt utbredda formen för friluftsliv i Sverige. Ingen annan aktivitet förutom promenader på elljusspår kunde sägas utövas av folk i alla möjliga åldrar och av folk som hade vitt skild träningsstatus. Det gick an att bara ge sig ut för att åka några timmar utan att ha något speciellt mål. Man behövde inte se det som träning, bara som avkoppling. Line tog röda tunnelbanelinjen mot Norsborg. Hon lade märke till att vagnen, som vid resans början hade bestått av en helt politiskt korrekt mix av folkslag, efter ett antal stationer hade ändrat sammansättning på ett radikalt sätt. När vagnen nådde Bredäng fanns det förutom Line bara mörkhyade resenärer med invandrarbakgrund kvar. Övriga hade stigit av i de lite äldre förorterna och i Mälarhöjdens villaområden. Line tänkte sin vana trogen på hur illa statens och hyresregleringens mål rimmade med verkligheten. Det talades med stora bokstäver om hur viktigt det var att skapa förutsättningar för att motverka segregering mellan låg- och höginkomsttagare och mellan invandrare och svenskar, eller mellan nysvenskar och gammalsvenskar om man så ville. Ett av huvudsyftena med Hyresregleringen var just att det inte skulle kunna vara möjligt att gissa en människas bostadsadress på grundval av vilken inkomst eller vilken nationalitet personen hade. Trots de goda intentionerna var det svårt att finna låginkomsttagare i innerstan och invandrare hade en tendens att bosätta sig i ytterområdenas miljonprojektsområden. De trivdes kanske där, men det var förmodligen inte lätt att ta sig in i andra områden så länge de saknade kontakter, och att i praktiken kunna köa sig till en lägenhet i innerstan var ett projekt som tog minst 10 år i anspråk. Så sällan förmedlades det lägenheter där. Majoriteten av lägenheterna i innerstan förmedlades via kontakter eller såldes svart. Det är ju bra att ha en reglering som ger höginkomsttagare låga och förmånliga hyror, tänkte Line sarkastiskt medan hon spände på sig skridskorna nere vid strandkanten. Då blir de säkert så förnöjda och positivt inställda till staten att de betalar in extra skatt när de deklarerar. Efter ett par timmars åkning var hon tillbaka på Kungsholmen och kunde kliva rakt upp på land för att sedan gå den korta vägen hem.

*

Binge var klart besviken. Nu var han tvungen att flytta hem till morsan ett tag. Det gick väl an, men var ingen större hit. Hans gamla pojkrum var omgjort till gästrum och han kände sig inte riktigt hemma där längre. Han försökte jobba på att skaffa en egen lägenhet ute i Haninge i stället. Det brukade finnas folk som ville hyra ut i andra hand även här ute. Då låg han inte så illa till. Var det en originalsvensk som hyrde ut brukade de föredra en helsvensk hyresgäst framför en invandrare. Så var det oftast. Binge surfade för skojs skull in på Eniro och slog in adressen till den lägenheten som Micke aldrig fick. Till sin förvåning såg Binge att Mickes namn ändå kom upp när han sökte på Mikael Nilsten, Wollmar Yxkull. Så många Nilsten kunde det inte finnas ens i Stockholm. Det kunde inte vara ett sammanträffande. Sakta gick det upp för Binge att Micke hade behållit honom som en sista utväg, eller om han inte hade vågat säga sanningen när det väl hade börjat hetta till. Det hade väl inte spelat Binge någon roll om Micke hade tänkt sälja lägenheten eller vad han nu hade gjort. Bara han hade sagt till i tid. Binge var besviken. Klart besviken. Det skulle inte bli några fler middagar och fotbollsmatcher. Det var en sak som var säker.

*

Johan hade slappnat av en del efter den senaste tidens stress och strul med olika lägenheter fram och tillbaka. Nu var han en insider på bostadsmarknaden. Han var inne i systemet. Nu kunde ingen ta ifrån honom lägenheten så länge han betalade hyran i rätt tid och inte levde om alltför mycket, så att grannarna blev störda. Det skulle i praktiken krävas ganska stora störningar för att kunna bli utkastad, så det var nog ingen större risk. Johan funderade på det som Line hade sagt om att skaffa lägenhet utomlands. Hon hade nog bara haft tur då hon hade fått sina lägenheter, trodde han. Han tyckte trots allt att det svenska systemet gav helt unika möjligheter för vanliga människor att få lägenhet. Efter bara åtta års kötid hade Johan fått en alldeles egen lägenhet nästan mitt i stan. Det kändes verkligen bra. Han hade också så smått börjat skumma igenom bytesannonserna. Skulle det vara värt besväret att byta upp sig till en liten etta på söder? Han bodde ju redan så nära innerstan man kunde komma. Han fick se vad som hände. Det var nu bara en månad fram till dess han skulle flytta in. Kontraktet var påskrivet och det enda som återstod var att betala in förmedlings-avgiften på 2000 kronor. Bostadsförmedlingen skulle ju leva den också. Den första maj skulle han äntligen kunna hämta sina möbler i förrådet och flytta in. Det skulle komma ett tiotal personer på inflyttningsfesten, bland andra Micke, Cissi och Line. Det var kul att de hade blivit ett sorts gäng igen. Nästa morgon när han kom till jobbet såg han att det hade kommit ett mail från Bostadsförmedlingen. De hade försökt nå honom utan att lyckas. Kunde han ringa upp? Bostads-förmedlingen ville bara veta om det stämde att han hade bytt arbets-givare. Referensen han hade uppgivit för något år sedan stämde inte längre. Jo, sa Johan. Företaget hade bytt ägare. Det stämde gott. Han gav dem numret till växeln om de ville fråga något.

*

Den första april flyttade Cissi in i Fredhällslägenheten. Hennes föräldrar hade kommit upp från Eksjö för att hjälpa henne. Det var inte mycket grejor, men det var ändå praktiskt att kunna utnyttja pappans bil för att ta en del turer till Mio och IKEA. Det var riktigt krångligt utan bil. Både Johan och Micke hade i och för sig bil, men det kändes besvärligt att fråga dem varje gång. Cissi tänkte inte ha någon inflyttningsfest. Dels var hon bjuden till Johan första helgen i maj och dels skulle hon ha bokcirkeln hemma hos sig om en vecka. Det fick räcka med det.

*

Nästa dag ringde damen från bostadsförmedlingen. När hon hade förhört sig om Johans anställning hade det kommit fram att han, i motsats till vad han hade uppgivit i sina personuppgifter hos bostadsförmedlingen, inte hade fast anställning längre. Det var bara en projektanställning.

-Men det är projekt som förlängs hela tiden. Det är i princip en fast anställning.
- Jo, men hyresvärden, Familjebostäder, kräver dessvärre fast anställning så vi måste riva ditt kontrakt.
- Riva? Ni kan väl inte riva ett kontrakt som är påskrivet.
- Jo, vi har haft en del sådana fall på sistone. Du har upplysningsplikt gentemot Bostadsförmedlingen och gentemot de hyresvärdar som lämnar lägenheter till oss. Du måste hela tiden uppdatera din personinformation om någonting skulle förändras.
- Kräver alla fast anställning. Det verkar ju löjligt. Var ska då sådana som inte har något jobb alls bo någonstans?
- De allra flesta kräver fast anställning, men det finns undantag. Du är välkommen att söka igen. Du har ju din köplats kvar. Tack.
- Tack.

*

Line var duktig. Hon klarade arbetsuppgifterna bra och behärskade numera konsten att inte vara osvensk och prata bredvid mun. Det var värre med den saken på fritiden. Då slappnade hon av och gick ur yrkesrollen. På jobbet var hon uppklädd i dräkt eller kavaj. Det gjorde sitt till och hjälpte henne att komma ihåg vem hon skulle vara. Det gällde att vara respektabel och representativ de gånger hon hade direkta kundkontakter. Hon tyckte inte det var svårt att leva upp till det i det praktiska arbetet. Hon var bra på att jobba undan och hålla tidsscheman. Förresten verkade i praktiken inte det viktigaste vara att prestera någonting och att göra ett bra jobb, utan det som räknades var att ha ett positivt och trevligt sätt. En månads försening kunde uppvägas av ett brett leende, verkade det som. Det var ett väldigt pratande om jobbet och karriären. Man hade hunnit si eller så långt i karriären och hade startat upp det och det nya projektet, men när man tittade närmare på vad folk sysslade med var det ibland mest att likna vid ett slags vuxendagis. Man skulle ha ett jobb att vara på om dagarna. Om man var duktig eller inte var inte alldeles relevant. Fast hon hade full förståelse för att folk blev utbrända till höger och vänster. Det var alltid de plikttrogna som åkte dit. De som försökte sig på att reda ut omöjliga situationer. De trodde att det gav en fjäder i hatten.

Det skulle behövas någon i Zurich, men innan dess skulle hon få jobba i Oslo ett halvår. Line hade sagt sig vara villig till det mesta. Stockholm hade inte blivit helt som hon hade tänkt sig. Det var för mycket strul och byråkrati som hon inte var medveten om ens existerade innan hon hade flyttat hem. Bara cirkusen med bostadsmarknaden tog tid och energi. Hon blev automatiskt indragen i sina kompisars tvister och problem. Det var naturligt. Hon kunde ju juridiken bättre än andra. Dessutom ville hon gärna hjälpa till om hon kunde. Tragiskt bara att hela det här upplägget med hyresreglering ledde till att folk fick processa om småsaker bara för att de blev som livegna i sina lägenheter. Det hade varit så mycket enklare om var och hade kunnat bo där de trivdes. Line hade kommit överens med chefen och de bestämde att hon skulle omgruppera till Oslo i september och sedan vidare till Zurich någon gång under nästa år. Språket skulle inte vara några problem eftersom engelska var koncernspråk. Det lokala språket var heller inte något problem. Oslo? Traditionell nordisk socialdemokrati. Nu skulle väl problemen med lägenheter fortsätta. Hon hade hört talas om hur svårt det var med lägenheter i Oslo. En etta kunde gå på allt mellan 10 och 30 tusen i månaden. Om det nu ens fanns något att få tag i. Skulle det verkligen vara värt besväret att hålla på och strula med bostäder nu igen och hur skulle hon göra med sin egen lägenhet. Hyra ut den eller sälja? På vägen hem från jobbet ställde hon sig till vänster i rulltrappan mitt i värsta rusningstrafiken. Bara för att jävlas och för att hon hade bestämt sig. Folk gjorde sitt bästa för att få undan Line, men hon spjärnade emot med alla av sina 50 kilo och tvingade dom att stå kvar och vänta de 30 sekunder det tog för rulltrappan att tillryggalägga sin resa upp ur underjorden.

*

Redan tre veckor efter att Cissi hade flyttat in i Fredhäll fick hon ett telefonsamtal från tjejen hon hade bytt med. Tjejen undrade om det var något som var konstigt med hyresvärden. Han hade bytt ut hennes lås strax efter att hon hade flyttat in med motiveringen att det hade kärvat. Därefter hade han varit och ringt på ett flertal gånger. Då hade han frågat om olika saker i lägenheten, men också vad hon pysslade med på fritiden och det ena och det andra. Först hade hon tyckt att han var trevlig, men sedan hade det mer känts som att han var lite skum.

- Nä, jag hade inga större problem med honom, hade Cissi svarat. Han är nog bara nyfiken så här i början, ljög Cissi.

*

Line surfade in på finn.no. Där skulle det finnas lägenheter att hyra. Line sökte på lägenheter i centrala Oslo och kunde snart bläddra fram sida efter sida med lägenheter av alla slag. De flesta hade bilder på interiören. Oftast flera bilder på varje rum. Lägenheterna verkade vara övervägande fräscha och prisnivån var under den som gällde för andrahandslägenheter i Stockholm. Efter ett tag märkte Line också att det inte var fråga om andrahandskontrakt. Det fanns inga andrahands-kontrakt i Oslo. Antingen var det företag som hyrde ut eller så var det privatpersoner som hyrde ut sina ägandelägenheter på obegränsad tid och det kunde man knappast räkna som andra hand. Det skulle bli svårt för Line att åka och titta på lägenheterna så hon valde att sätta in en egen annons under önskas hyra. På så sätt kunde hon kunna styra upp det lite bättre och bestämma en speciell tid då hon skulle kunna åka till Oslo och se på lägenheterna. Hon satte upp 8000 kr/månad som övre gräns. Hon skulle mycket väl ha råd med högre hyra, men det var onödigt eftersom det verkade finnas så många som var billiga. Sedan var det bara att vänta. Redan dagen efter fick Line sju stycken förslag via mail. Det var ettor och tvåor och någon lägenhet som låg i undervåningen av en villa. Sedan strömmade erbjudandena på. Efter en vecka hade hon 64 olika möjligheter. Hon sållade fram tio stycken som verkade intressanta och bestämde tid med dem helgen efter. Fyra av dem var inte aktuella längre, men de övriga sex skulle ta emot henne nästa lördag och söndag. Line funderade på att bjuda med sig Cissi till Oslo så att hon skulle få se hur enkelt det var att ordna lägenhet utomlands, fast hon hade väl fullt upp med sin nya lya. Line var inte någon uttalad mijövän, men om hon kunde åka tåg så gjorde hon gärna det framför att ta flyget. Dessutom vann man inte så mycket med tanke på att man var tvungen kuska ända ut till Arlanda och Gardermoen och tillbaka. Besöket hos SJ blev dock en besvikelse. Det fanns inte mindre än tjugosex olika prisvarianter på sträckan Stockholm-Oslo. Det var första klass, andra klass, öppen biljett, sista minuten och just nupris. Dessutom en kombination av flera. På den dagen och tiden Line ville åka skulle bara ditresan gå på 1076 kronor. Eventuellt skulle det gå att komma undan med 453 kronor på återresan, men då gick det inte att boka om. Hos SJ var det inte alls aktuellt med samma pris för samma vara. Det berodde helt på när man beställde och även på hur man beställde. Att få reda på vad en resa kostade mellan två punkter var inte ens en typ av information som kunde betraktas som meningsfull. Det var helt beroende av omständigheterna. Line undrade hur en stackars japansk turist reagerade när den som köpte en biljett ena dan kunde få betala fem gånger så mycket som en annan japan fick göra för samma biljett om han köpte den en annan dag. Förmodligen reagerade de på ett stillsamt sätt, såsom japaner förväntades göra. Line bokade i stället in sig hos ett lågprisflygbolag. Det fanns ju många sådana. Till och med SAS kunde klämma fram en och annan billig biljett nu för tiden sades det.

Line hade hört om Johans problem med Bostadsförmedlingen så hon ringde upp honom och undrade hur pass intresserad han skulle vara av att hyra hennes lägenhet. Det skulle kännas bra att ha någon som hon kände i lägenheten medan hon var borta. Hon skulle inte ta ut någon överhyra, utan bara ta betalt för månadsavgift, ström och ränteutgifter. Det skulle bli självkostnadspris. Teoretiskt sett skulle Johan ändå kunna gå till Hyresnämnden och säga att han bara skulle betala så mycket som en likvärdig hyresrätt i Allmännyttan kostade. Det var det som var normen för andrahandsuthyrning. Det spelade ingen roll om man hade en lägenhet som kostade 8000 kronor i månaden. Den som hade hyrt kunde i efterhand gå till Hyresnämnden och få hyran sänkt och därmed också pengar återbetalade. Line tänkte ta 7000 i hyra av Johan. Hon var också noga med att säga att hon förmodligen bara skulle hyra ut den i ett år eller max ett och ett halvt. Sedan skulle hon fatta beslut om hon skulle sälja den eller inte. Johan skulle flytta in den första september, men det var lika bra att göra alla förberedelserna direkt. Line hade läst bostadsrättsföreningens regler om andrahands-uthyrning och visste att de var felaktiga. Föreningen menade att andra-handsuthyrning bara tilläts i de fall där bostadsrättshavaren tillfälligt skulle jobba eller studera på annan ort och tidsperioden var högst sex månader. Line var jurist och kände till att lagen inte sa någonting om den typen av begränsningar. Det som var avgörande var i stället vilket behov den som ville hyra ut hade. Skulle man vara borta i två år så fick man också hyra ut i två år. Skulle man vara borta i ett halvår så fick man hyra ut ett halvår. Det gjordes en slags rimlighetsbedömning. Att begränsa uthyrningen till någon allmängiltig tid var naturligtvis inte möjligt. Juridiskt möjligt alltså. Dessutom fanns det ett stort antal andra skäl, förutom jobb och studier som berättigade till uthyrning och vad hade förresten föreningen med saken att göra överhuvudtaget? Line hade redan haft en skärmytsling med styrelsen och ville därför på ett pedagogiskt sätt förklara för dem att de hade fel. Hon skrev ett kortfattat brev som hon lade ner i styrelsemedlemmarnas brevlådor. Hon skrev så tydligt hon kunde att föreningens regler inte var överensstämmande med lagstiftningen och att hon därför skulle bli tvungen att gå till Hyresnämnden om de inte lät henne hyra ut lägenheten i andra hand under längre tid än ett år. Hon ville hyra ut den i 18 månader. Hon lade också till att hon tyckte det var orimligt att ha så hårda krav på en medlem att den skulle vara tvungen att sälja sin lägenhet om den till exempel skulle vilja gå på en utbildning eller skulle vilja göra en långresa jorden runt eller vad som helst. Lägenheterna tillhörde ju dem som hade köpt dem och inte styrelsen även om hon insåg att det rörde sig om en juridisk teknikalitet där själva äganderätten låg hos föreningen och att medlemmarna bara hade köpt nyttjanderätten till lägenheterna. De ägde dem inte till 100 %.

*

Bytestjejen hade hört av sig till Cissi igen. Hon hade en rad klagomål. Värden hade varit inne i hennes lägenhet medan hon var borta och hon hade också pratat med ett par av grannarna som hade sagt att Cissi hade haft samma problem som hon själv.
- Det sa du ingenting om.
- Nä, det var inte så farligt att jag tyckte att det var värt att nämna, svarade Cissi.
- Grannarna sa tvärtom. Jag känner mig faktiskt lurad nu. Jag vill byta tillbaka.
- Nä, det vill inte jag. Bytt är bytt, tycker jag.
- Men du har ju till och med varit inne i Hyresnämnden bara för att värden var besvärlig. Det borde du ha sagt.
- Nä, det borde du ha tagit reda på innan du bytte. Du har undersökningsplikt. Det är precis som när man köper hus.
- Nej, det är du som har upplysningsplikt, sa tjejen och slängde på luren.

*

Line fick kontakt med bostadsrättsföreningen redan dagen efter hon hade lämnat brevet i styrelsemedlemmarnas brevlådor. Hon blev ombedd att infinna sig i föreningens kontorsutrymme nere i källaren. Där satt ordförandedamen och sekreterardamen, en liten råttblond kvinna i 40-årsåldern.

- Vi förstår ingenting. Vad menar du egentligen, sa damerna.
- Jag ska hyra ut min lägenhet. Det har jag ju skrivit här.
. Men, du ska alltså bara hyra ut lägenheten så utan vidare. Utan att ens tala om vem hyresgästen är. Vi har faktiskt regler här i föreningen som bestämmer hur man får bära sig åt i sådana här fall.
- Jo, jag vet, svarade Line. De reglerna är inte överensstämmande med lagstiftningen. Därför ber jag er om en överenskommelse, annars blir jag tvungen att gå till Hyresnämnden.
-Du hotar oss alltså.
- Ja, eftersom era regler är felaktiga, måste jag göra det.
- Du är ganska ung och förstår nog inte riktigt hur det är att bo i en bostadsrättsförening. Det var den bastanta ordförandedamen som tog till orda. Arbetet i föreningen är ideellt och vi har svårt att få folk engagerade. När du skriver den här typen av brev blir vi mycket upprörda och känner oss hotade. Du måste helt enkelt vara beredd på att foga dig efter de regler som gäller i föreningen.
- Ja, hur skulle det se ut om vi tillät andrahandsuthyrningar till höger och vänster. Då skulle alla vilja hyra ut, högg sekreterardamen till.
- Det spelar inte mig någon roll, sa Line. Ni får inte hitta på egna regler i alla fall.
- Så här gör alla. Det är praxis i bostadsrättsföreningar, sa ordförandedamen, men du får lämna in en korrekt ansökan så ska vi behandla den. Sen får du gå till Hyresnämnden om du inte blir nöjd.

Line gjorde exakt som damerna ville. Hon författade en formell ansökan om att få hyra ut sin lägenhet i andra hand där hon angav Johan som hyresgäst och bifogade hans personnummer och uppgifter om arbetsgivare. Styrelsen skulle sammanträda redan nästa söndag. Line hoppades på att styrelsen skulle ta sitt förnuft till fånga och låta henne hyra ut lägenheten. De hade ingen som helst laglig rätt att neka henne. På måndagskvällen låg svaret på Lines ansökan på hallmattan och väntade. Svaret var nekande. Styrelsen hade ingen möjlighet att bifalla hennes ansökan. Däremot hade de inget att invända om hyresperioden begränsade sig till sex månader. Den period Line hade angivit var 18 månader och det låg utanför de begränsningar som gavs av föreningen Hejarens stadgar.

Line blev trött. Det skulle kräva flera dagars arbete att förbereda sig till mötet hos Hyresnämnden. Bara att skriva en bra ansökan skulle ta tid och framför allt energi. Energi som hon skulle vilja använda till annat. Line hade inte sett stadgarna, men hon antog att det stod likadant i dem som det gjorde i de regler som damerna hela tiden talade om. Fast för att vara på den säkra sidan var det lika bra att försöka få fram stadgarna. Hon hade frågat efter stadgarna då de hade haft det mindre trevliga mötet nere i källarskrubben, men trots att damerna hade lovat att ge henne dem, hade ännu ingenting hänt. Line ringde på hos de närmaste grannarna för att se om de hade stadgarna åtkomliga. Det hade de inte. Det verkade inte som att folk höll reda på sådant. Det var förståeligt. Hon hade ju själv inte tänkt på den detaljen när hon flyttade in. Line ringde då till Bolagsverket och frågade efter stadgarna. Alla bostadsrättsföreningar måste registrera stadgarna hos Bolagsverket för att de ska vara giltiga. Redan samma eftermiddag fick Line tillgång till stadgarna via mail. Paragraf 14. Andrahandsuthyrning.

"Andrahandsuthyrning medges om medlemmen har beaktansvärt skäl för uthyrningen och om det inte medför olägenhet för föreningen. Uthyrningsperioden skall tidsbegränsas."

Det var värre än Line hade trott. Stadgarna innehöll inga som helst klara regler. Man hade helt enkelt kopierat lagtexten från Bostadsrättslagen och använt den i stadgarna. Sedan hade man gjort en väldigt fri tolkning av innehållet. Inte undra på att man inte ville visa fram stadgarna för medlemmarna. Det skulle bli en riktigt rolig session i Hyresnämnden, fast egentligen var det självfallet bara djupt tragiskt att de över huvud taget skulle dit.

*

Cissi och Line var bjudna till Sara. Det skulle bli grillning. Sara och hennes man bodde i en relativt nyinköpt villa i Bromma. De hade två barn, sju och nio år gamla. Det innebar att de hade gjort sitt för att föra släktet vidare. Sara var barnkär och skulle gott ha kunnat tänka sig ett eller två barn till, men det fick räcka med att redan ha överskridit det statistiska talet för hur många barn en svensk genomsnittskvinna födde. Dessutom skulle de inte hinna med, och att anställa en barnflicka skulle kännas fel. Även om en hel del här i Bromma gjorde så, skulle Sara få svårt att försvara ett sådant initiativ inför en del av sina mer radikala vänner och även inför sig själv.

Line var på väg till Cissi. De skulle ha sällskap ut till Bromma. De hade börjat umgås allt mer på sistone. Det var det positiva som deras bataljer på bostadsmarknaden hade lett till. Line skulle försöka hjälpa Cissi med hennes Fredhällsproblem också, bara hon först fick sitt eget problem med styrelsen i föreningen ur världen. När de två gick någonstans tillsammans uppträdde de oftast som en dålig parodi på ett polisdrama. Den hårde snuten och den snälle. Cissi var snäll och diplomatisk. Line lite halvfräck, cynisk och osvensk. Det var hon som levererade de chockerande kommentarerna och trängde innanför skjortan på de festdeltagare som rapade ur sig väl många floskler i en följd. Line kunde luta sig mot Cissi om det hettade till. Hon kunde släta över och se så förtroendeingivande ut som det bara var möjligt. Den onda och den goda. Ingen var ful.

Det var inte långt till Bromma från Fredhäll så de skulle gå dit. Bara över Tranebergsbron och sedan en knapp kilometer söderut. Det var maj. Ganska kyliga vindar, men solen hade lyst hela dagen och doften från engångsgrillar spred sig över Fredhällsparken. Folk satt utplacerade på gräset i osymmetriska ringar runt grillarna. Lines blick föll på de gröna, avlånga påsarna som innehöll vin och öl från Systembolaget. Denna ursvenska inrättning som till och med fungerade som turistattraktion. Den senaste tiden hade Systembolagets status som turistmagnet dock avmattats något. Det berodde på nymodigheterna med self-service. Line hade flera gånger blivit stoppad av amerikanska turister som ville fotografera ett äkta systembolag där svenskarna stod i kö för att köpa ut de dyrbara dryckerna över disk. De tyckte väl att det var jämförbart med en brödkö i Stalingrad eller något i den stilen. De var så klart inte ute efter att köpa något med sig hem. De kunde ju hitta exakt samma svenska vodka hemma i sina egna affärer till ett betydligt lägre pris. Dit exporterade svenska staten sprit helt samvetslöst utan att tänka på konsekvenserna för de stackars utlänningar som nästan gratis kunde hälla i sig oanade mängder. Line drack själv ytterst lite. Hemma i Halmstad köptes merparten av alkoholen direkt från Danmark eller Tyskland, men här i Stockholm var det trots närheten till Baltikum fortfarande Systemet som gällde, även om försäljningen hade minskat även här. För politikerna var det en nöt att knäcka. Hur skulle man få svenskarna att återvända som kunder i Systembolaget? Man tyckte att Systembolagets fortlevnad var något som var värt att kämpa för eftersom sortimentet trots allt var överlägset det som färjorna kunde erbjuda. Att ha ett vidlyftigt sortiment för drycker som man helst inte skulle dricka alls, ansågs ändå vara ett starkt argument för att Systembolaget skulle behållas och utvecklas. Det viktiga var att den alkohol som köptes såldes genom statens försorg.

Vädret hade varit ganska stabilt under förvåren. Kallt men stabilt. Kvällstidningarna hade redan börjat med sina sollöpsedlar där det utlovades rekordvärme och värmebölja. Inte just nu, men senare i sommar. Det hade uråldriga väderspåmän boende längs Norrlandskusten sagt. För svenskarna var solen viktig. Solsken var något man ständigt efterfrågade och såg fram emot. Drömmen om en mild vinter utan regn och snö och om en till synes evig sommar där solen strålade från en klarblå himmel från första maj till mitten av september var levande, trots att alla mycket väl visste att juni skulle bli kall och regnig. Speciellt midsommarhelgen. I mitten av juli skulle sommaren, som vanligt, komma och värma upp den svenska folksjälen lite lagom, men redan i början av augusti skulle det vara klippt igen. Då hade rubrikerna ändrat karaktär. "Därför förstör värmen ditt dricksvatten", "Var är regnet", "Så överlever du rekordvärmen". Trots att det bara var drygt 25 grader varmt. I början när Line hade flyttat tillbaka till Sverige hade hon tyckt att det verkade spännande med alla dessa löpsedlar som utlovade "Bröstchocker" och "Sexkupper" av kända och kvasikända schlagersångerskor och dokusåpadeltagare, men efter ett tag insåg hon att rubrikerna lovade mer än de höll. Kulmen hade nåtts när en och samma händelse beskrevs helt olika i konkurrenterna Aftonbladet och Expressen. I Expressen beskrevs incidenten som "Kupp mot Kungen på Idrottsgalan" medan Aftonbladets löpsedel löd "Kungens kupp på Idrottsgalan". Då hade Line gett upp. Inte ens Amelia, tidskriften för den moderna kvinnan över 30, lockade trots att den oblygt avslöjade på vilket sätt mannen med stort M helst ville älska på sommaren.

Så här i början av maj var det egentligen för kallt för att grilla. Grillfolket satt med vinterjackorna på och huttrade i den snåla kvällssolen. De mest tappra försökte värma händerna över den falnande grillglöden. Saras man hade dragit ut sin monstergrill på gräsmattan och hade med barnen som hjälpredor satt igång med att försöka få fason på det marinerade köttet. Barnen skulle ha korv. Sara, Line och Cissi hade placerat sig på den inglasade altanen. Infravärmen kom väl till pass en sån här kväll när det fortfarande var fara för frostnätter. Det var ingen stor tillställning. Bara de fyra och barnen. Cissi trivdes bra i Saras sällskap. Normalt var det knepigt att umgås med tjejer som var gifta eller hade en kille. De ville oftast umgås i par. Var man singel blev man femte hjulet och det passade liksom inte in i mallen. Villan hade självklart varit dyr att köpa in. Den låg mitt i Fin-

Bromma, fast den var ändå enkelt inredd. Inte så många överdådiga möbler eller typiska statusikoner, förutom grillen då. Inköpet i sig var status nog. Bland stockholmare var det vanligt att be folk komma hem och se hur vi bor. Det var nog inte bara ett sätt att uttrycka sig på, utan också en önskan att få visa upp hur långt i bostadskarriären man hunnit. Sara hade gjort i ordning potatissallad och vanlig sallad. Barnen satt framför TVn och åt grillkorv med pommes frites. Line blev ofta förundrad över barns matvanor, förmodligen mest för att varken hon själv eller hennes syskon hade några barn. På alla evenemang där barn var närvarande serverades speciell mat. Om föräldrarna åt oxfilé skulle barnen likaväl ha korv och pommes, eller hamburgare. Annars var föräldrarna minsann noga med att barnen skulle ha det bästa, men när det gällde mat, dög det tydligen med vilket slabb som helst. Hade svenska barn speciellt anpassade magsäckar som bara tålde viss mat? De kanske blev fullt utvecklade efter puberteten och var först då redo för att hantera den kraftiga svenska husmanskosten. Ett undantag var förstås köttbullar. Det verkade alla människor slafsa i sig både i söcken och i vardag.

-Jo, man får erkänna att vi fick svänga om lite grand efter vi hade skaffat barn, sa Saras man.
-Det har blivit mycket makaroner och falukorv på sistone. Barn äter ju inte fisk. Vi försöker i alla fall få dom att äta grönsaker, även om det kan vara knepigt.
- Jo, det är mycket man är tvungen att göra avkall på när man skaffar familj och flyttar in i villa, lade Sara till. -Jag som var en benhård feminist, har fått acceptera att allt som oftast se mig själv agera i rollen som ordentlig husmor som tvättar, städar och lagar mat åt man och barn. Jag har ju inget som helst intresse av att meka med gräsklipparen eller byta däck när det dags. Lägenhet i stadsmiljö är det optimala boendet för att odla ordentlig feminism. Villor är rena döden för oss rödstrumpor. Praktisk feminism för 2000-talet är att var och en gör det den är bäst på helt enkelt.

- Så har det väl alltid varit i så fall. Det har väl inget med feminism att göra, sa Line.

- Jo, det har det absolut. I föräldragenerationen förväntades kvinnorna vara hemma med barnen och sköta markservicen. Det var medfött. Numera har den moderna kvinnan ett fritt val. Det är det alla debatter och all upplysning har lett till. Det är ingen som höjer på ögonbrynen om Henrik tar pappaledigt eller om han följer med Emelie till musikskolan. Kvinnor och män kan ta del i barnens uppfostran på ett mycket friare sätt. Vi är inte styrda av konventioner längre. Det kan snarare vara lite knepigt att motivera för mer radikala väninnor att jag vill tillbringa en hel vecka med att vara hemma med barnen och bara göra vad som helst. Baka, röja eller läsa en bok.

- Då blir det ju också en slags konvention. Att du inte får göra som du vill utan ska handla efter ett speciellt och modernt mönster, sa Line för en gångs skull utan att lägga någon ironi i det.

- Det är ju så mycket med barnen också. Både jag och Henrik måste planera så att vi får schemat att gå ihop. Det ska skjutsas och förberedas. Tjejen går på jazzdans, musikskola och volleyboll och pojken spelar fotboll, innebandy och går på scouterna i tillägg till musikskolan.

- Vad skönt att du slipper grilla i alla fall, sa Cissi. Jag har hittills aldrig sett en kvinna grilla. Möjligen ett par singeltjejer som är så grillsugna att de inte kan låta bli att köpa en engångsgrill. Fast engångsgrill är väl egentligen fusk.

- Jo, dom grillar hellre än bra, männen, kan man säga utan att överdriva, men om man lever hälsosamt i vanliga fall kan lite grillmys göra det värt att utstå den cancerrisk som de brända biffarna innebär, sa Sara.
- Det är väl det tekniska momentet i grillningen som gör att det blir ett karlgöra. Det blir en massa grovarbete med att släpa fram skitig grillkol och att applicera exakt rätt mängd tändvätska för att det ska ta sig ordentligt.
- Henrik kan diskutera grillteknik med grannarna i timmar. Det finns tydligen ett tiotal olika tändvätskor och olika revolutionerande grilltekniker som kan stötas och blötas i en slags manlig gemenskap över staketet.
- Då borde det väl vara likadant med hushållsmaskiner och tvättmaskiner. Det finns ju hur många olika tvättprogram som helst att välja mellan bara på en standardmaskin.
- Jo, det är förstås skillnad. Kan det vara så att grillkolen upplevs som uppenbart tung och skitig?
- Bara skitig i så fall, för tvätten kan vara tung. Och skitig. Det finns sällan några outtalade krav på att man som kvinna ska bära någonting av större format till exempel när man flyttar. Det kommer alltid stora starka varianter av manssläktet och hugger in medan man själv lite lätt feminint kånkar på krukväxter. Däremot förutsätts man kunna bära tvättkorgar, släpa matkassar från stormarknaden och framför allt kunna bära på barn som är otympliga och väger en hel del.

- Det är precis som med kvinnor i vården. De kan lyfta patienter som väger 100 kilo styck, men så fort det blir tal om att ha dem på traditionellt manliga arbetsplatser anses de för klena och för små.
- Ja, det är också underligt att om det förekommer skadliga lyft på en mansdominerad arbetsplats så dröjer det inte många minuter innan det bestäms att det ska införskaffas hjälpmedel. Hur dyrt det än må vara.
- Det borde väl Göran kunna fixa till. Ordna bättre förhållanden för kvinnorna och bättre lön också när han ändå håller på. Det är ju i slutändan han som är arbetsgivare åt majoriteten av Sveriges kvinnor. De som jobbar i den offentliga sektorn. Det var Line som hade vaknat till liv. Hon hade inte fått säga något allvarligt antisocialistiskt på hela kvällen.
- Det är lätt att anmärka på den så kallade ofantliga sektorn, men i ett historiskt perspektiv ska vi ha klart för oss att det är den som har varit räddningen för Sveriges kvinnor, sa Saras man. -Utan den offentliga sektorn skulle kvinnorna ha haft mycket svårare att göra sig gällande på arbetsmarknaden. Det är något som man måste ställa i relation till de låga lönenivåerna.

Line hade känt byråkratvibbar redan när hon tog Saras man i hand tidigare på kvällen. Hon hade inte utan anledning fått onda aningar när hon fick höra vad mannen, Henrik, arbetade med. Sakkunnig i departement. Nu fick hon chansen att hugga till lite grand, fast inte för mycket. Det här var ändå en småtrevlig svensk grillkväll. Meningen med svenska grillkvällar är att de ska vara lika intetsägande som en TV-hallåas frisyr. Det är själva grillningen som ska vara i fokus. Personerna som grillar ska bara fungera som rekvisita och får absolut inte stjäla föreställningen från potatissalladen och de svarta köttbitarna.

-Då menar du samtidigt att kvinnor i allmänhet är så svaga att de måste ha en stark stat som ordnar jobb åt dem.
- Det säger jag inte, men med facit i hand ser vi att stat, kommun och landsting idag sysselsätter ett stort antal kvinnor.
- Det kanske har med bristen på alternativ att göra. Många av de traditionellt kvinnliga jobben har ju staten monopol på. Dessutom var det väl aldrig meningen att de skulle tjäna 18000 i månaden och bli arbetsskadade.
-Marknaden skulle ha hanterat kvinnorna långt sämre. Det tror jag bestämt, replikerade Henrik.

Vilken typ av tillställning i Stockholm man än bevistar kommer samtalet förr eller senare att beröra ämnet bostäder. Det ligger i sakens natur. Alla bor någonstans och många av dem som bor någonstans skulle egentligen vilja bo någon helt annanstans. Sara ville veta mer om Cissis problem med hyresvärden. Sara agerade själv hyresvärd och hade ibland haft problem med dem som hyrde av henne. Det hade rört sig om ostädade lägenheter och busliv som hade stört grannarna. Sara var inte på något sätt fastighetsägare. Det saken gällde var bara en enda lägenhet. En etta i Vasastan. Hyresrätt. Hon hade bytt till sig den i början av 90-talet och hade sedan behållit den även efter det att hon hade flyttat ihop med Henrik, som hela tiden hade haft hus. Om än inte i Bromma. Nu hade det gått så lång tid att hon inte tyckte det var någon idé att göra sig av med den längre. Hyresvärden hade inte haft något emot att hon fortsatte hyra ut den i andra hand heller och det blev en liten vinst varje år också som hon brukade sätta in som bosparkapital åt barnen. Det skulle inte dröja många år innan de skulle få användning av lägenheten igen. Sonen var snart 10 år och när han var mogen att gå ut på bostadsmarknaden skulle hans kötid knappast räcka till en lägenhet. Tack vare vinsten på andrahandsuthyrningen skulle den ene kunna få hyresrätten och den andre få en grundplåt till en egen bostadsrätt. Det gjorde hennes barn betydligt bättre rustade för bostads-marknaden än flertalet andra.

- Nä, det är överspelat nu. Han var lite besvärlig. Gick in i lägenheten när jag inte var hemma och så. Jag vet inte varför egentligen, men det är gammalt och glömt nu. Jag har ju bytt lägenhet och allting. Den är jättefin. Nära till badklipporna och till bussen och allting.

Cissi talade helst tyst om Fredhällstjejens krav på att byta tillbaka och var tacksam så länge ingen ställde mer närgångna frågor än Sara hade gjort. Cissi försökte byta ämne så snabbt som möjligt, men Line var genast framme och ville absolut veta mer om Saras lägenhet. Det räddade i och för sig skinnet på Cissi.

- Det blir en ganska odynamisk hyresmarknad i och med att det är många som håller på sina lägenheter så som du gör. Jag vet många som gör likadant. Det är bra för dem som har en lägenhet, men inte så bra för dem som inte har, sa Line.
- Jo, så är det ju, fast å andra sidan gör jag en samhällsinsats när jag hyr ut till unga tjejer som annars inte hade kunnat bo i innerstan, menade Sara. De har inte alls så lång kötid som krävs.
- Det är ett intressant område det också, sa Henrik, mannen. Tack vare att stat och kommun tog över bostadsbyggandet redan under kriget kan vilken svensk som helst nu hyra en lägenhet av bra kvalitet till ett bra pris. Det är något som marknaden inte hade klarat av. Det blev i stället en fråga om social ingenjörskonst och ett ansvarstagande från

samhällets sida. Det skulle inte spela någon roll vilket efternamn eller vilken inkomst man hade. Alla skulle ha lika rätt till bostad.

- Men, vad nu. Sa Line. Det står ju hundratusentals personer i kö och det är ju mest rika som bor i hyresrätt i innerstan. Där bor knappt någon med invandrarbakgrund. Det låter inte som ett alldeles lyckat projekt.

- Jo, men det är också en typ av marknadsmisslyckande. Företagen vill bara producera bostadsrätter och kontor. Det är sådant de tjänar pengar på. Räddningen för alla bostadssökande är som vanligt de kommunala bostadsbolagen. De är de enda som tar initiativ till byggande.

- Men det är ju hyresregleringen som gör att företagen inte producerar. De får inte ta ut någon vinst när de bygger hyresrätter. Hade de fått det hade folk inte behövt stå i kö.

- Det är det vi vill undvika. Skulle folk bli tvungna att betala marknadspriser skulle snart flyttlassen gå från stan.

- Vilka skulle då flytta in? Oljeschejker? De som har pengar bor ju redan bra. Varför skulle de vilja ha sunkiga hyresrätter som till på köpet blir belagda med marknadspris?

- Nja. Vanliga svenskar har inte råd med marknadspris helt enkelt. Det är därför vi har en effektiv och bra hyresreglering. Den garanterar att hyrorna förblir låga. Vårt unika system där de allmännyttiga bostadsbolagen förhandlar med Hyresgästföreningen garanterar en rimlig nivå för vanliga människor med tunna plånböcker.

- Hur kommer det sig då att hyrorna kan öka med mer än inflationen år efter år. Utomlands kan hyrorna till och med sjunka. Här garanterar ju förhandlingsordningen att hyrorna ständigt stiger. Hur skulle det gå om IKEA och H&M kunde höja priserna i takt med inflationen utan att behöva göra några rationaliseringar?

- Möbler och kläder är inte samma sak som bostäder. Vi i Sverige har ett bra system som inte går att överträffa. Hur de gör i utlandet vet jag inte, men jag kan inte tänka mig att de har det bättre än vi. Förmodligen har de ett stort antal personer som inte kommer in på marknaden av ekonomiska skäl.

- Här kommer man inte in överhuvudtaget om man inte har svarta pengar att betala med och hos Allmännyttan måste man ha ordentlig inkomst och frånvaro av betalningsanmärkning. Utomlands kan man flytta in direkt utan att stå i kö en enda dag.

- Nu får ni sluta tjafsa, sa Sara. Jag har satt fram efterrätten i vardagsrummet. Jag tycker att vi har ett bra system i Sverige, förresten. Man får förstås vara lite kreativ ibland, men det kan vara kul det också.

Line hade nu slängt alla konventioner och anföll med efterrättspaj i munnen den otäcke folkpartisten eller sossen eller vad det nu var, från alla tänkbara flanker.

- Vad hade du själv sagt om din villa helt plötsligt skulle få reglerat pris? Ska vi säga två miljoner. Då skulle nog ingen vilja bygga villor längre.

- Det blir en dålig jämförelse. Regleringen ska bara gälla hyresrätter. Det är ju de som är svåra att få tag på.

- Ja, men anledningen till att de är så svåra att få tag på är ju att det bara är kommunerna som kan producera och det vill dom inte. Kan man inte låta bli att reglera hela hyresrättsbeståndet. Kunde inte hälften få ha fri prissättning?

- Jo, men då skulle det inte vara lika för alla.

- Det är ju inte lika för alla. Dina barn fick ju privilegier redan innan de var födda!

- Det är en intressant diskussion, men jag tror nog att du har missbedömt läget lite grand. Folk har förtroende för systemet och tycker det är bra. Den som bara är tålmodig får sin lägenhet till slut.

- I en miljonprogramsförort med utanförskap, kriminalitet och elände.

- Den bilden har reviderats en aning på sistone, menade sakkunnige Henrik. De gamla folkhemsarkitekterna och även i viss mån miljonprogramsarkitekterna har dammats av och fått upprättelse. Det man fokuserar på nu för tiden är inte hur byggnaderna ser ut, utan på det som människorna som bor där skapar. De är resursstarka individer som har alla möjligheter att utvecklas. Dessutom ligger de här områdena bra till ur rekreationsmässig synvinkel. Sjöar och skog och lugn atmosfär.

- Hur många av dem som säger som du gör, har i verkligheten bott i ett sådant område. Det finns väl inga politiker som ens vågar sätta sin fot där. Än mindre slå ner sina bopålar. Det är ju bara en massa floskler. De här områdena är misslyckade och folk flyttar om de får en chans.

- Det tror inte jag.

- Skulle du själv vilja bo i Alby?

- Det skulle jag mycket väl kunna tänka mig om jag hade varit i den typen av livssituation, men just nu är det villa och barn som gäller. Dessutom kräver mitt arbete att jag bor i närheten.

- Jo, det var ju en god paj i alla fall, sa Line moloket.

I den mån man kunde säga att någon vann en diskussion, var det i princip omöjligt att vinna diskussioner som handlade om hyresreglering och lägenheter. Det var ett system som var så inrotat i folksjälen att ingen ens skulle tänka tanken att ifrågasätta det. Man kunde prata i timtal om de brister som fanns, men ingen ville på allvar förändra det. Folk verkade inte ens vara medvetna om att det var hyresregleringen som skapade behovet av miljonprojektet. Dessa underbara öststatsblock som låg utplacerade i utkanten av vare svensk tätort.

*

Tisdagen den 27 maj befann sig Line i ett litet rum i Stockholms tingsrätts lokaler på Fleminggatan. Rummet fungerade som förberedelseutrymme för dem som väntade på att förhandlingar i Hyresnämnden skulle ta sin början. Line hade inte tagit någon annan med sig till förhandlingen och var väl egentligen så väl förberedd att hon inte behövde sitta i rummet. Avsikten var i stället att slippa träffa bostadsrättsföreningens representanter i onödan. Det skulle förmodligen bli alldeles tillräckligt obehagligt att behöva sitta öga mot öga med dem inne på förhandlingen. Nu började det spraka i den lilla högtalaren som satt bredvid ena dörrposten. Det var en gammaldags brunaktig högtalare som med nöd och näppe förmådde förmedla att det nu var dags för förhandling mellan Line och bostadsrättsföreningen Hejaren. Nämnden hade avsatt 20 minuter för förhandlingen. Det lät lovande. Förhoppningsvis hade nämnden redan saken klar för sig och ville bara höra parternas syn och få dem att om möjligt komma överens. Nämnden fällde inte gärna utslag, utan strävade efter att parterna skulle hitta en lösning. Line kände sig säker på att hon skulle gå segrande ur striden, fast man visste aldrig helt.

Förhandlingen hade föregåtts av att Line hade skrivit en ansökan ställd till Hyresnämnden. Där hade hon berättat om sitt behov av att hyra ut lägenheten i andra hand på grund av utlandstjänstgöring. Hon hade också hänvisat till Bostadsrättslagen där bland andra paragraferna om andrahandsuthyrning fanns. Hon hade inte nämnt det faktum att föreningens stadgar inte stämde överens med de regler för andrahandsuthyrning som i praktiken tillämpades. Det var egentligen ointressant. Det var en sak mellan styrelsen och dem som bodde i föreningen. Line var bara intresserad av vad lagen stipulerade. Föreningen hade också gjort en inlaga där de hade beskrivit hur svårt det var att ge bifall åt Lines uthyrningsönskemål. Dessutom hade de beklagat sig över att Line inte hade velat säga någonting om var någonstans hon skulle jobba. De ansåg sig bara ha fått beskrivningar av företaget och att hon skulle vistas utomlands. Det hela var en del i problematiken kring Line. Föreningen påpekade att hon var väldigt svår att samarbeta och kommunicera med. På grund av föreningens inlaga hade Line lämnat in ytterligare en inlaga där med en fullständig redogörelse för vilka tider som gällde för respektive förordnande. Först i Oslo och sedan i Zürich.

Vid förhandlingen närvarade en ordförande, två sakkunniga och en protokollförare. De satt på ett podium med huvudena vända mot rummets andra kortsida. Damerna från föreningen satt mittemot Line på ena sidan av ett långt bord som gick från kortsida till kortsida. Förhandlingen inleddes med att Line fick redogöra för skälen till att hon ville hyra ut sin lägenhet. Det gick snabbt. Hon hänvisade åter igen till lagtexten och behovet av att kunna ha en lägenhet att komma tillbaka till då det inte var frågan om ett permanent förordnande. Vid ett tillfälle avbröt sekreterardamen henne genom en bitsk kommentar om vad det hade med saken att göra. Line ignorerade henne, eftersom det inte var tillåtet att avbryta under pågående framställan. Innan det var damernas tur att ge sin syn på saken hade de en fråga. De menade att de hade fått två olika inlagor med samma rubrik och upplevde sig därför ha svårt att ta ställning till Lines framställan. Det uppstod förvirring i salen. Nämndens ordförande bläddrade bland papperna utan att kunna finna fler inlagor än vad som var förväntat. Line förstod ganska snabbt vad som hade hänt. Samma dag som hon hade skickat in den andra inlagan som handlade om hennes tjänstgöring hade hon kommit på att hon hade angivit fel slutdatum för Oslotjänstgöringen. Hon hade skrivit den första april i stället för den sjunde april. Det skulle inte ha någon egentlig betydelse för förhandlingen, men hon ville ändå att föreningen skulle få rätt information eftersom det hade varit svårt med kommunikationerna tidigare. Därför hade hon gjort en kopia på inlagan och strukit över siffran ett och ersatt den med en sjua. Därmed hade föreningen fått två versioner. När Line insåg att det var det som gjorde att föreningen ansåg sig vara tvungen att ställa sig frågande till hela förhandlingen, insåg hon samtidigt att det här inte riktigt var fråga om en normal förhandling. Damerna var antingen begåvade med en ovanligt låg dos sunt förnuft eller så var de bara ute efter att bråka. Inte efter att handla i föreningens intresse.

När missförståndet var utrett fick damerna förklara varför de motsatte sig uthyrningen. De började med att fastslå att det var väldigt olyckligt att det här ärendet hade gått så långt som till domstolen. De betonade än en gång hur svårt det var att kommunicera med Line och att det därför hade varit omöjligt att komma överens. Föreningens regler tillät i det här fallet inte att Line kunde hyra ut sin lägenhet. Det skulle få ödesdigra konsekvenser för föreningens medlemmar om den här typen av uthyrningar tilläts. Däremot hade de ingenting emot att Line hyrde ut lägenheten under de första sex månaderna av sin utlandsvistelse.

Nämnden gav som förslag på lösning att föreningen skulle göra ett undantag från reglerna och medge uthyrning under hela den tid Line planerade att vara borta, det vill säga 18 månader. Föreningen ville med tanke på sina regler inte gå med på det. Därför beslutade nämnden att medge Line rätt att hyra ut sin lägenhet i andra hand under 18 månader. Sekreterardamen som under hela förhandlingen hade sett upprörd ut och också hade fällt ett par ilskna kommentarer ville nu protestera mot det som hade hänt, men innan hon hade hunnit formulera sig hade ordförandedamen hunnit lägga sin hand på sekreterarens arm och själv tagit till orda.

- Har vi då möjlighet att kräva in intyg på att hon verkligen kommer att vistas i Schweiz efter tolv månader, annars kan hon jù lika väl ta semester. Det har vi inga garantier för.
- Nej, svarade nämndens ordförande. Ni får nöja er med hennes ord. Det ni har framför er är en medlem och granne som säger att hon ska arbeta utomlands i ett och ett halvt år. Det får räcka.

*

Johan blev glad över beskedet från Hyresnämnden. Han var så luttrad vid det här laget att han nästan hade räknat med förlust. Det skulle i så fall bara ha varit likt honom och hans vanliga otur. Det märkliga var att bostadsrättsföreningen inte alls hade brytt sig om honom och hans person. Normalt var uthyrare och övriga inblandade väldigt intresserade av Johans ekonomiska förutsättningar för att kunna betala hyran. För de allmännyttiga bostadsbolagen hade inte ens hög inkomst räckt, eftersom den inte var kombinerad med ett fast jobb. En person skulle teoretiskt sett kunna ha så höga ränteintäkter att de översteg en normal inkomst, men det skulle ändå inte vara tillräckligt för att få hyra en vanlig lägenhet. På ett annat sätt var det också bra att det inte hade kommit upp några frågor om hans person på förhandlingen i Hyresnämnden. Han hade nämligen blivit uppsagd från sitt projekt. Det spelade ingen roll för Line. De hade kommit överens om att han skulle betala 6000 i månaden så länge han var arbetslös och 7000 när han fick jobb igen. Det skulle säkert inte vara några problem att få tag i åtminstone ett vikariat genom ett bemanningsföretag.

*

Det var augusti igen. Värmeböljan hade dragit in över hela landet och folk låg rödbrända i stadens parker och längtade efter regn. Varje nyhetsprogram med självaktning hade kallat in en expertmeteorolog direkt från Norrköping som lugnt och sakligt kunde förklara att efter solsken kommer regn. Det var bara att vänta. Fredhällstjejen hade inte gett upp. När Cissi hade vägrat byta tillbaka hade hon lämnat in en ansökan till Hyresnämnden om återgång av bytet. Det skulle bli tredje gången på kort tid som Line fick gå till nämnden, den här gången som biträde. De skulle antagligen inte in förrän i oktober, så de hade inte ens börjat planlägga försvaret ännu.

Den sista helgen i augusti hade de bestämt att de skulle ut och segla. Lines morbror hade en segelbåt och både hon och Micke kunde segla hjälpligt. Line hade hållit på en del när hon bodde i Halmstad. De skulle ta en liten tur ut i skärgården och övernatta. Johan och Cissis kompis Helena skulle också följa med. Hon och Johan verkade ha parat ihop sig. Hur det nu hade gått till. Cissi hade ingen aning om att de ens brukade träffas. Turen skulle mer gå ut på att turista och sola än att företa en seriös seglats. De la ut från Svinnegarn och passerade ganska snart rännan där finlandsbåtarna går. Efter att ha landat på ett par mindre öar kastade de ankar vid en ö som saknade namn på sjökortet. Det blev så klart grillning och bag-in-boxvin.

- Stäng av schlagermusiken innan jag blir vansinnig, skrek Line från strandkanten. Hon försökte diska ur en mugg så att hon skulle kunna hälla vin i den.
- Det är ju svensk trendmusik. Det måste alla gilla. Lena Ph rules, sa Micke.
- Du kommer att sakna alltihop när du flyttat ut i Europa.
- Fat chance!
- Hur ska du bo, undrade Helena. Det är väl jättesvårt med bostäder i Oslo.
- Nej, sa Line och suckade. Hon hade nog lyckats undervisa de andra tre, men Helena var inte fullärd ännu. Jag har hyrt en stor etta. Centralt. Förstahands. 8000 kronor. Det finns inga köer och bostadsrättspriserna är lägre än i Stockholm, sammanfattade Line läget och knep åt sig en korv från grillen.
- Jag tror att svenskar vet mer än du tror, Line, sa Micke. Dom har faktiskt börjat inse att Sverige inte är bäst längre. För 30 år sedan var Sveriges BNP högre än i omvärlden, men nu är den betydligt lägre än i vanliga västländer. Svenskarna vet om det, men är nöjda med att vi fortfarande ligger före Turkiet i välståndsligan. Jag tror att folk vet hur det är, fast de tycker ändå att det är bäst att hålla kvar vid det gamla. De vill inte ha marknadshyror och privat sjukvård. Ska några förändringar göras måste nog Göran Persson själv smyga in dem medan LO sover middag.
- Välståndsligan. Bara det faktum att begreppet finns, signalerar att någonting är fel. Men du ska ju starta upp din gamla IT-firma igen,

Micke. Har du förstått att du inte behöver stå i kö för att hyra ett kontor till firman.

- Jodå. Jag hajar.

- Fast med bostäder är det väl ändå så att låginkomsttagare skulle förlora på marknadshyror. Det är väl ingen som tror på att det skulle bli billigare eller ens oförändrat pris, sa Cissi.

- Skulle du vilja betala mer för en tvåa i Alby om det samtidigt fanns lediga nybyggda lägenheter i Årsta? Det kommer inte att gå att ta ut högre hyror i oattraktiva områden. Vem skulle vara beredd att betala för det?

- Men hur ska det gå för den som inte har någon inkomst, protesterade Cissi. Dom kommer ju att vilja ha betalt även i Alby. För att inte tala om för de nybyggda lägenheterna.

- Jo, men inte så mycket betalt. Inte i Alby i alla fall. Som det är nu, får den som har låg inkomst ingen chans att få en lägenhet eftersom Allmännyttan ställer så höga krav. Till och med Johan blev ju nekad. Hur går det då för folk som har det betydligt sämre ställt. De har ingenting att hämta hos Allmännyttan i alla fall. Med marknadshyror kan de åtminstone få lägenhet någonstans där ingen annan vill bo.

- Varför skulle det bli fler bostäder bara för att man får ta ut högre hyror då. Det förstår jag inte.

- Skulle du vilja sälja lika många glassar om du tjänade tre kronor på var och en eller om du gick jämnt upp?

- Jag som bor i innerstan skulle i alla fall inte vilja ha tredubblad hyra.

- Det är knappast troligt att det finns någon som är beredd att betala så mycket. Jämför i stället med månadskostnaden för en bostadsrätt. Det skulle krävas att det dök upp ett par hundratusen oljeschejker från ingenstans och ville betala höga hyror för halvtaskiga allmännytte-lägenheter, för att det skulle kunna bli verklighet.

- Fast ni är nog nöjda ändå. Micke har ju tjänat storkovan på hyresregleringen och Cissi har fått besöka hyresnämnden två gånger och Johan har fått flytta fram och tillbaka och Helena har ombildat till bostadsrätt och blivit rik. Allt det roliga missar folk som bor i hyresrätt utomlands. Ni är lyckligt lottade.

- Jo, det finns ju en del baksidor, men jag tror ändå att det skulle bli för stora omvälvningar för oss vanliga svenskar. Vi har ju nyss vant oss vid reklam-TV, sa Cissi och skrattade.

- Man kan egentligen konstatera att ni väldigt gärna vill stå i en lång kö bara för att ni vet att ni om 20-30 år kan få en lägenhet i innerstan som är någon tusenlapp billigare än den skulle vara på en öppen marknad. Men när ni väl har hunnit fram i kön och under tiden betalat en massa extra pengar på andrahandsmarknaden, så kan ni ändå inte

utnyttja förmånen eftersom ni har gift er och vill köpa radhus där ni kan förvara era barn.
- Jo, men då kan man ju byta sin hyresrätt mot radhuset och tjäna flera hundra tusen på det.
- Tänkte inte på det.

[i] DN. 8/9 2005

[ii] Boverket – Bostadsmarknaden år 2004 - 2005

[iii] Miljonprogrammet. Karl-Olov Arnstberg. 2000.

[iv] Ränta beräknad med 10 års bindningstid. SBAB 2005-06-12. 4,25 %. Månadsavgift 2500. Amortering 0. Inköpspris 1,8 miljoner. 30 % skattereduktion.

[v] Ej autentisk uppgift. Tänkt kostnad för 60m2 i glesbygd är 200 000. Avser inte nybyggnation.

[vi] www.globaljuggler.se

[vii] Benchmarking av Stockholms bostadsmarknad. Temaplan.

[viii] www.vlanimmo.be

[ix] Det finns ett rykte som går ut på att hyrorna i Norge avreglerades år 2000. Den avregleringen gällde bara ett fåtal kommunala lägenheter. Norge har haft relativt fri hyressättning ända sedan andra världskriget. Källa: Lär av Norge Göran – Marknadshyror fungerar. Bodil Bryntesson, 2002.

[x] Björn bostadsbytare. 2005-08-17.

[xi] Vår Bostad nr 5 2003. Vår Bostad är Hyresgästföreningens tidskrift.

[xii] Är stödet till kommunala bostadsbolag kompatibelt med EU:s statsstödsregler? Fastighetsägarna 2005.

[xiii] Anders Mattson, www.hyresgastforeningen.se

[xiv] Göteborgsposten. 26/6 2005

[xv] Det röda imperiet. Jonathan Forsberg. Timbro.

[xvi] Svd 1/11 2004

[xvii] Rapport om svarthandel. Fastighetsägarna. 1999.

[xviii] www.svensk-bomarknad.se

[xix] www.bostad.stockholm.se – VD har ordet.

[xx] www.varbostad.se

[xxi] Ica-kuriren 5/2005

[xxii] www.di.se 17/6 2005

[xxiii] Mohammad Nuruzzaman Hosan Zahir. Determinants of the queuing time for getting rental apartments in Stockholm – and an estimation of probable market rents, KTH 2005.

[xxiv] Ränta beräknad med 10 års bindningstid. SBAB 2005-06-12. 4,25 %. Månadsavgift 2500. Amortering 0. Skattereduktion 30%. Inköpspris 2 Mkr, resp 0,5 Mkr.

[xxv] DN 12/7 2001

[xxvi] Förutsätter att andrahandshyran verkligen är markant högre än bruksvärdeshyran. Det brukar den vara. Skulle bruksvärdeshyran vara 4500 och andrahandshyran 5000 stämmer så klart inte resonemanget.